投资与理财探索研究

刘 琴 ◎ 著

吉林出版集团股份有限公司

图书在版编目（CIP）数据

投资与理财探索研究 / 刘琴著. — 长春 : 吉林出
版集团股份有限公司, 2024.4
　　ISBN 978-7-5731-4888-9

Ⅰ. ①投… Ⅱ. ①刘… Ⅲ. ①投资－研究 Ⅳ.
①F830.5

中国国家版本馆 CIP 数据核字（2024）第 079276 号

投资与理财探索研究

TOUZI YU LICAI TANSUO YANJIU

著　　者	刘　琴
出版策划	崔文辉
责任编辑	侯　帅
封面设计	文　一
出　　版	吉林出版集团股份有限公司
	（长春市福祉大路 5788 号，邮政编码：130118）
发　　行	吉林出版集团译文图书经营有限公司
	（http://shop34896900.taobao.com）
电　　话	总编办：0431-81629909　营销部：0431-81629880/81629900
印　　刷	北京昌联印刷有限公司
开　　本	787mm×1092mm　　1/16
字　　数	200 千字
印　　张	13
版　　次	2024 年 4 月第 1 版
印　　次	2024 年 4 月第 1 次印刷
书　　号	ISBN 978-7-5731-4888-9
定　　价	78.00 元

如发现印装质量问题，影响阅读，请与印刷厂联系调换。电话：010-82751067

前　言

随着全球经济的日益发展和金融市场的不断演变，投资与理财成为当代社会中备受关注的话题。个人、机构乃至国家都在积极探索更有效的投资策略和理财方式，以实现财富的保值增值。

我们所处的时代正面临着诸多经济和金融挑战，如全球化的不确定性、市场的波动性增加、新兴科技的崛起等。这些变化给投资与理财带来了新的机遇和挑战。投资者需要更敏锐地把握市场脉搏，理财规划也需要更为科学和灵活，以适应快速变化的金融环境。

本书致力于深入研究投资与理财领域，从理论到实践，从风险管理到创新工具，全面探索这一领域的前沿动态，为广大投资者、专业人士和学术研究者提供全面而深入的参考。

在本书编写过程中，编者参考、吸收了国内外众多学者的研究成果，在此谨向有关专家学者表示诚挚的谢意。如有遗漏，敬请理解。由于编者水平有限，书中表述难免存在不足，期盼广大读者批评指正并能及时反馈，以便逐步完善。

目　录

第一章　投资与理财基础知识

第一节　投资与理财概述

一、个人财务规划的重要性

随着社会的不断发展，个人生活水平的提高，越来越多的人开始关注自己的财务状况。个人财务规划作为一种全面、系统的财务管理手段，不仅可以帮助个人实现财务目标，还能提高财务安全性，为未来的生活和发展提供有力支持。在这个多变的社会环境中，个人财务规划显得尤为重要，本书将从多个方面探讨个人财务规划的重要性。

1. 资产保值与增值

个人财务规划的首要目标之一就是确保个人资产的保值和增值。通过对自身资产的全面了解，个人可以更好地配置资金，选择适合自己的投资渠道，使得资产在通货膨胀等因素的冲击下能够保持相对的稳定，并实现增值。财务规划可以帮助个人理性看待投资，规避风险，最大限度地保护个人财富。

2. 生活消费与预算管理

个人财务规划有助于合理规划生活消费和进行预算管理。通过建立详细的开支预算，个人可以更好地掌握自己的支出状况，避免过度消费，形成储蓄习惯。合理的预算管理能够使个人更好地掌握支出的方向，确保生活质量的提升的同时，也保持了财务的健康平衡。

3. 紧急情况应对能力

生活中常常会遇到各种紧急情况，例如突发疾病、意外事故等。个人财务规划可以帮助个人建立紧急情况应对能力，通过购买保险、建立紧急备用金等方式，使得在面临意外情况时不至于陷入财务困境。有一份完善的财务规划，可以在不经意间为个人的生活提供保障。

4. 实现个人目标

每个人在不同的阶段都有自己的生活目标，可能是购房、购车、子女教育等。个人财务规划可以帮助个人有针对性地制订计划，为实现这些目标提供资金支持。通过明确目标，个人可以更好地规划自己的职业发展、投资计划等方面，为实现梦想奠定基础。

5. 退休规划

随着人口老龄化的加剧，个人退休规划变得尤为重要。通过提前规划个人退休金、社保、养老金等，个人可以在退休后依然保持稳定的生活水平。财务规划可以帮助个人提前预见退休后可能面临的各种财务挑战，从而采取相应的措施，保障自己的晚年生活。

6. 税收优化

个人财务规划还包括对税收的规划。通过了解税收政策、合理规避税收风险，个人可以最大限度地减轻负担，提高自身的财务效益。在财务规划中考虑税收因素，有助于实现最佳的财务效果。

7. 债务管理

债务是很多人财务生活中不可避免的一部分。个人财务规划可以帮助个人建立健康的债务管理机制，合理规划债务结构，避免过度负担，保持个人信用的稳定。通过科学的财务规划，个人可以更好地掌握债务的用途和期限，降低财务风险。

8. 家庭和谐

个人财务规划不仅关乎个人，也与家庭和谐密切相关。通过家庭共同参与财务规划，制定共同的理财目标和计划，可以避免因财务问题而引发的家庭矛盾。共同努力实现理财目标，既增进了家庭成员之间的沟通和合作，也为家庭的稳定提供了有力支持。

9. 提高投资意识

财务规划可以帮助个人提高投资意识，了解各类投资产品的风险和收益，选择适合自己的投资工具。通过培养投资意识，个人可以更好地应对市场波动，提高投资的成功率，为个人财富的增长创造更多可能。

10. 适应社会变革

随着社会经济的不断发展和变革，个人面临的财务环境也在不断变化。财务规划可以帮助个人更好地适应社会变革，及时调整财务策略，应对新的挑战和机遇。通过财务规划，个人可以更灵活地应对社会变革带来的影响，确保自身在不同经济环境下的稳健财务状况。

11. 增强金融素养

个人财务规划有助于提高个人的金融素养。金融素养包括对金融知识的了解、理财技能的掌握，以及对风险管理的敏感性。通过深入进行个人财务规划，个人能够更全面地认识金融市场，培养正确的金融理念，增强面对复杂金融产品时的辨别能力，降低受骗风险。

12. 实现财务自由

财务自由是很多人追求的目标之一，而个人财务规划是实现财务自由的有效手段。通过科学规划，个人可以逐步积累财富，实现 pass 月生活费、投资收益覆盖日常支出等目标，最终达到财务自由的状态。财务自由不仅意味着不再被金钱所拖累，更代表了个人在生活中拥有更多选择的权利。

13. 保障家人未来

个人财务规划也涉及对家人未来的保障。通过购买保险、建立教育基金等方式，个人可以确保家人在个人不幸离世或财务困境时，能够得到一定的经济支持。这有助于维护家庭的稳定，保障家人的生活质量，使个人财务规划更具社会责任感。

14. 减轻心理压力

良好的个人财务规划可以减轻个人的心理压力。面对未来的不确定性，如果没有合理的财务规划，个人容易感到焦虑和无助。而通过有计划地进行财务规划，个人可以更加从容地应对生活中的各种变数，减轻精神负担，提升生活质量。

15. 培养良好理财习惯

个人财务规划有助于培养良好的理财习惯。通过长期坚持执行财务计划，个人可以逐渐养成储蓄、投资、理性消费等良好的财务管理习惯。这些习惯将在个人生活的方方面面发挥积极作用，促使个人更好地掌握自己的经济命运。

综合来看，个人财务规划的重要性不可忽视。它不仅关系到个人的经济状况，更关乎个人的生活质量、未来规划以及对家人的责任履行。通过科学、合理的财务规划，个人可以更好地应对生活中的各种挑战，实现自身的理财目标，提升综合素质，最终创造更加美好的生活。因此，每个人都应该认识到个人财务规划的紧迫性，积极行动起来，为自己和家人的未来构建坚实的财务基础。

二、投资与理财的定义与目标

投资与理财是财务管理中的两个关键概念，它们在个人、家庭和企业层面都有着重要的意义。本书将深入探讨投资与理财的定义、目标以及它们在财务规划中的作用。

（一）投资的定义与目标

1. 投资的定义

投资是将资金投入特定的资产或项目，以期获得长期或短期的经济回报。投资不仅包括金融市场上的股票、债券、基金等工具，还包括房地产、企业、教育等各种形式。投资的本质是为了增加资产的价值，并实现财务增值。

2. 投资的目标

（1）财富增值

投资的首要目标是通过获得资产的升值，增加个人或机构的财富。这可以通过股票市场的投资、房地产的购买、企业的投资等多种方式实现。

（2）收入增加

一些投资形式，如债券、股息股票等，可以提供稳定的现金流，增加投资者的收入。这对于退休计划、子女教育等有特定需求的投资者尤为重要。

（3）风险管理

投资还可以用于分散风险。通过在不同资产类别之间分配投资，投资者可以降低整体投资组合的风险，提高资产的稳定性。

（4）实现特定目标

投资可以用于实现特定的生活目标，如购房、创业、旅游等。通过明确目标，投资者可以更有针对性地进行投资规划。

（5）资产传承

投资也可以为后代提供财务保障，实现资产传承的目标。通过巧妙的财务规划，投资者可以确保财富在家族中的延续。

（二）理财的定义与目标

1. 理财的定义

理财是对个人或机构的资产进行全面规划、管理和配置的过程。它不仅包括投资，还涵盖了日常开支、储蓄、保险等方方面面。理财是一个系统性的概念，旨在优化资源的使用，实现个人或机构的财务目标。

2. 理财的目标

（1）资产保值

理财的首要目标是保值。通过科学的资产配置和风险管理，使资产在通货膨胀等因素影响下保持相对稳定的价值。

（2）资产增值

除了保值，理财还追求资产的增值。通过巧妙的投资策略，使资产实现超过通货膨胀水平的增长，从而提升财富水平。

（3）收支平衡

理财目标之一是确保个人或机构的收支平衡。合理规划开支，确保有足够的资金用于投资、储蓄和生活开销，避免财务危机。

（4）风险管理

理财也包括风险管理，通过购买适当的保险产品，制定紧急情况下的财务计划，降低生活和投资中的不可控风险。

（5）实现生活目标

理财的最终目标是帮助个人或机构实现生活中的各种目标，如购房、子女教育、退休规划等。通过全面的理财规划，确保资金用于实现个人价值观和生活理想。

3. 投资与理财的关系

投资和理财密切相关，两者相辅相成。投资是理财的一部分，而理财则是对投资的更全面的管理。理财通过综合考虑个人或机构的整体财务状况，包括收入、开支、储蓄、保险等各个方面，制定出更为科学的投资计划。

投资是理财的重要手段之一，是实现理财目标的途径之一。通过投资，可以更有效地实现资产的增值和财务目标的实现。然而，投资本身是有风险的，理财的作用就在于通过合理的规划和管理，降低投资风险，最大化收益。

在实际操作中，投资和理财需要相互协调。理财规划的第一步是制定合理的投资策略，根据个人或机构的财务目标、风险承受能力等因素确定投资组合。而在投资过程中，理财则涉及对资产配置、风险控制、税务规划等方面的全面管理。

投资与理财是财务管理中的两个关键概念，它们共同构成了个人、家庭和企业财务规划的基础。投资旨在通过将资金投入不同资产，获得长期或短期的经济回报，实现财富的增值。而理财则是对个人或机构资产进行全面规划、管理和配置的过程，旨在优化资源的使用，实现财务目标。

在实际操作中，投资和理财需要综合考虑多个因素，包括个人的风险承受能力、财务目标、收支状况、投资时间周期等。一个全面的理财规划不仅仅关注投资收益，还包括日常开支、保险、税务规划等方方面面，以确保整体财务状况的健康。

对于投资者来说，了解不同投资工具的特性和风险是至关重要的。股票、债券、房地产等各种投资工具都有其独特的优势和风险，投资者需要根据自身情况选择合适的投资组合。同时，投资者还需要密切关注市场动态，及时调整投资策略，以适应经济环境的变化。

在理财规划中，储蓄和保险也是重要的组成部分。储蓄是个人或机构应对紧急情况的重要手段，可以用于弥补意外支出或应对短期经济困难。而保险则是为了降低生活和投资中的风险，提供财务保障，确保在面临意外事件时能够及时得到赔付。

一个有效的理财计划还需要考虑到通货膨胀的影响。通货膨胀会导致货币贬值，从而影响资产的实际购买力。因此，理财计划需要综合考虑通货膨胀因素，确保资产能够保值增值，不受通货膨胀的侵蚀。

总体而言，投资与理财是相辅相成的，共同构成了有效的财务规划。投资是实现理财目标的手段之一，而理财则是对投资的更全面的管理和规划。在不断变化的经济环境中，理财者需要保持敏锐的观察力，不断调整和优化自己的理财计划，以应对不断变化的财务挑战。通过科学的投资和全面的理财规划，个人和机构可以更好地实现财务自由，提高财富积累的效率。

第二节　投资与理财的基本理论

一、时间价值与资金管理

（一）时间价值的概念

时间价值是财务管理中一个基础且关键的概念，指的是资金随着时间的推移而产生的变化。在时间价值的考量下，相同金额的资金在不同时间点具有不同的价值。这是因为资金可以用于投资或赚取利息，而这些利息和投资回报会随着时间的推移而积累。

1.贴现和复利

时间价值的理念与贴现和复利密切相关。贴现是指将未来的现金流量或收益折算成现值，而复利则是指投资收益再投资产生的利息，使资金在未来增值。在时间价值的影响下，人们更愿意拥有今天的一笔钱，而不是将同样金额的钱推迟到未来。

2.机会成本

时间价值的考虑也包括了机会成本，即放弃一种选择以选择另一种选择所带来的成本。在时间价值的框架下，选择将资金投资于某项业务或项目，就是选择不将这笔资金用于其他可能的投资，因此必须考虑到这种机会成本。

（二）时间价值的应用

1. 现金流折现

在财务决策中，现金流折现是一种常用的方法。通过将未来的现金流折算为现值，以考虑时间价值的影响。这有助于评估不同时间点上的现金流量对决策的实际影响。贴现率的选择取决于投资的风险水平和市场利率。

2. 投资决策

在投资决策中，时间价值是一个关键的考虑因素。投资者通常会计算投资的净现值（NPV）以评估投资的潜在回报。NPV考虑了项目的未来现金流，将其折现为当前值，从而帮助投资者决定是否进行投资。

3. 退休规划

在个人理财中，时间价值的影响在退休规划中尤为显著。通过早期开始储蓄和投资，个人可以利用时间的优势，让投资回报复利增长，从而在退休时积累更多的财富。这强调了早期规划和投资的重要性。

（三）资金管理的概念

资金管理是指有效地使用和管理资金的过程，旨在实现财务目标并最大化资产价值。它涉及资金的获取、使用和投资，以及确保这些活动在整体财务战略的框架内进行。

1. 资金获取

资金管理的第一步是确保有足够的资金来满足当前和未来的财务需求。这包括从多种渠道融资，如贷款、发行债券、股票发行等，以确保企业或个人有足够的流动性。

2. 日常开支管理

有效的资金管理还要求对日常开支进行细致的规划和控制。这包括管理生活费用、运营成本、债务还款等，以确保不会因为过度支出而导致资金短缺。

3. 投资决策

资金管理涉及对投资的谨慎决策，以确保投资与财务目标一致。这可能包括选择适当的投资工具、分散投资组合、根据风险承受能力进行投资等。

4. 应急储备

建立应急储备是资金管理的一部分，旨在应对紧急情况，如突发费用或收入下降。有足够的应急储备可以防止因为意外事件而导致资金危机。

5. 负债管理

资金管理也包括对债务的管理。这包括选择适当的融资方式、管理债务偿还计划，以确保债务对整体财务健康没有负面影响。

（四）时间价值与资金管理的关系

1. 投资决策的时间价值

在资金管理中，投资决策是一个涉及时间价值的关键方面。通过考虑时间价值，投资者可以更好地评估不同投资选择的潜在回报，并确定最合适的投资时机。时间价值的概念有助于投资者理解资金在不同时间点的机会成本，以更好地做出决策。

2. 负债管理的时间价值

同样，在负债管理中，时间价值的概念也很重要。选择适当的融资方式和还款计划时，需要考虑到时间对负债的影响。贴现率的选择、负债的成本和影响等都受到时间价值的影响。

3. 退休规划中的时间价值

在个人理财中，特别是在退休规划中，时间价值对资金管理有着深远的影响。通过早期规划和投资，个人可以利用时间的优势，让投资回报能够更好地复利增长。这强调了在资金管理中考虑长期性和持续性的重要性。通过提前规划退休，个人可以更好地应对养老金的挑战，确保在退休时有足够的财务支持。

4.现金流管理与时间价值

在资金管理中，现金流的有效管理也与时间价值密切相关。确保及时收款和合理延迟付款，以最大限度地利用资金。同时，也要谨慎处理储备资金，以应对可能的紧急情况，这也涉及时间价值的概念。

5.机会成本与投资决策

资金管理中的机会成本也与投资决策密切相关。在决定是否进行某项投资时，除了考虑潜在回报外，还需要考虑放弃其他可能投资机会所带来的机会成本。这与时间价值的概念直接相关，因为选择投资会影响资金在未来的增值。

二、风险与收益的平衡

风险与收益的平衡是财务管理中一个至关重要的概念，它涉及在追求投资回报的同时，对可能的损失和不确定性进行合理的管理。在投资和财务决策中，风险和收益之间存在着紧密的关系，理解和平衡二者是成功财务规划的核心。

1.风险的概念

风险是指不确定性和潜在的损失发生的可能性。在投资领域，风险可以分为各种类型，包括市场风险、信用风险、操作风险等。理解不同类型的风险对于建立全面的风险管理策略至关重要。

（1）市场风险

市场风险是由市场因素引起的，包括经济周期、利率变动、通货膨胀等。股票市场的波动、利率的上升或下降都可能对投资产生影响，因此市场风险是投资者最为熟知的一种风险。

（2）信用风险

信用风险是指借款人或债务人未能按照协议履行义务，导致投资者无法获得预期回报。这包括债券违约、贷款违约等情况。

（3）操作风险

操作风险涉及组织内部的风险，包括管理层问题、系统故障、员工错误等。这类风险可能对业务的正常运作和财务状况产生不利影响。

（4）流动性风险

流动性风险是指资产无法迅速变现为现金的风险。如果某个资产在市场上不容易卖出，可能会导致投资者难以应对突发资金需求。

2. 收益的概念

收益是投资者或企业通过投资和经营活动获得的回报。收益可以来自于投资资产的升值、股息、利息、租金、销售收入等多种形式。在财务管理中，追求可持续的、稳健的收益是一个主要目标。

（1）资本利得

资本利得是资产升值所带来的收益，例如股票、房地产等的价值上涨。投资者可以通过买卖资产来实现资本利得。

（2）股息收入

股息收入是投资者持有股票所获得的分红。一些公司会定期向股东分配利润，投资者通过持有股票分享这部分收益。

（3）利息收入

利息收入通常来自于债券等固定收益工具。债券投资者会获得债券利息作为其投资的回报。

（4）经营收入

对于企业而言，经营收入是通过经营活动获得的收益，包括销售产品或提供服务所得的收入。

3. 风险与收益平衡的原理

风险与收益之间存在着基本的平衡原理，这是投资和财务决策中的基础原则。这一平衡原理表明，通常情况下，高风险伴随着高收益，而低风险则伴随着低收益。理解这一平衡原理对于投资者和企业制定合理的风险管理策略至关重要。

（1）风险与预期回报的关系

一般而言，投资者在追求更高的收益时，需要承担更多的风险。高风险的投资通常伴随着市场波动较大的资产，如股票、高收益债券等。相反，低风险的投资通常包括债券、储蓄等稳定的资产，但其预期回报相对较低。

（2）投资目标和风险承受能力的匹配

在确定投资组合时，投资者需要将其投资目标与风险承受能力相匹配。对于追求长期增值的投资者，可能愿意接受更高的风险，以获取更高的长期回报。相反，对于追求资本保值和稳定收益的投资者，更保守的投资策略可能更为合适。

（3）分散投资的原则

分散投资是降低整体投资组合风险的有效手段。通过投资不同资产类别、地区和行业，投资者可以分散特定风险，实现整体风险的控制。这有助于在不同市场环境下平衡投资组合的表现。

（4）时间的角度

时间也是风险与收益平衡中的一个重要考虑因素。长期投资可以有效降低短期市场波动对投资组合的冲击。虽然长期投资可能会经历市场的波动，但时间越长，投资者就有更多机会实现投资目标，通过均衡市场的波动来实现更稳定的回报。

（5）风险调整后的回报

风险调整后的回报是一种评估投资组合绩效的方法，它将投资组合的回报与承担的风险相匹配。这种方法可以更全面地了解投资的效益，因为仅仅关注高回报可能掩盖了投资的高风险。

（6）情感与认知偏差

投资者的情感和认知偏差也是风险与收益平衡中的重要考虑因素。投资者有时倾向于过度自信，高估自己的能力，或者由于恐惧而回避潜在的高回报机会。理解和管理这些情感和认知偏差对于做出理性的投资决策至关重要。

4. 风险与收益平衡的策略

为了在投资和财务决策中实现风险与收益的平衡，以下是一些常见的策略：

（1）分散投资

通过投资不同资产类别、行业和地区，分散投资可以有效降低特定风险，提高整体投资组合的韧性。

（2）设定明确的投资目标

明确的投资目标有助于确立适当的风险承受能力，并为投资决策提供方向。根据投资目标，投资者可以选择合适的投资工具和策略。

（3）定期评估和调整投资组合

市场和经济环境的变化可能会影响投资组合的表现，因此定期评估并根据需要调整投资组合是保持平衡的关键。这可以包括重新分配资产等。

（4）理性对待风险

理性对待风险意味着要通过深入研究和分析来了解投资机会，并避免基于情感或短期波动做出决策。投资者应该根据长期目标和整体策略做出决策，而不是被短期市场波动左右。

（5）风险管理工具的使用

利用各种风险管理工具，如保险、期权和衍生品，可以在一定程度上降低特定风险的影响。这需要谨慎使用，因为风险管理工具本身也可能带来额外的复杂性和成本。

（6）教育和专业建议

投资者可以通过教育自己，了解不同类型的投资工具、市场机制以及全球经济动态。同时，寻求专业的财务建议也是明智之举，专业人士可以根据投资者的个体情况提供定制化的建议。

在财务管理中，风险与收益的平衡是取得长期财务成功的基石。理解并适当平衡投资组合中的风险和预期回报是投资者和企业制定合理战略的关键。通过采取多样化的投资策略、设定明确的目标、定期评估和调整投资组合，以及理性对待风险，可以更好地管理风险与收益的平衡。在不断变化的市场环境中，教育自己、寻求专业建议，并采用适当的风险管理工具都是保持财务健康的关键。

第三节　不同家庭的投资理财方式

一、家庭资产配置策略

家庭资产配置是一项关键的财务管理活动，涉及有效地分配家庭资产以实现财务目标。资产配置的目标是通过合理分配不同类型的资产，降低家庭投资组合的整体风险，并最大化预期回报。在制定家庭资产配置策略时，需要考虑家庭的财务目标、风险承受能力、投资期限和市场条件等因素。

1. 理解家庭财务目标

家庭资产配置的首要步骤是明确家庭的财务目标。这可能包括子女的教育、购房、养老金、旅行等。每个目标都可能需要不同的投资期限和风险承受程度。确保财务目标的清晰性有助于制定相应的资产配置策略。

2. 评估家庭的风险承受能力

家庭的风险承受能力是家庭资产配置策略的核心。风险承受能力取决于家庭成员的年龄、收入水平、投资经验、负债情况以及对财务波动的接受程度。年轻的家庭可能更愿意接受一定的风险，以追求更高的长期回报，而年长的家庭可能更注重保值和稳定的收入。

3. 多元化投资组合

多元化是有效降低投资组合整体风险的关键。通过将资产分散投资于不同的资产类别，如股票、债券、房地产等，可以减轻特定资产类别的波动对整个投资组合的影响。多元化还可以通过投资于不同地区、行业和公司规模的资产来实现。

4. 设定合理的投资目标和期限

根据家庭的财务目标，设定合理的投资目标和期限是资产配置的重要方面。不同的目标可能需要不同的投资期限和风险承受能力。例如，对于子女的教育基金，可能需要较长的投资期限和更积极的资产配置，而养老金则可能更注重稳健的资产配置。

5. 考虑通货膨胀的影响

通货膨胀是家庭资产配置中一个重要的考虑因素。通货膨胀会降低货币的购买力，因此需要确保投资组合能够保值增值，以抵御通货膨胀的冲击。在资产配置中，一些具有通货膨胀对冲特性的资产，如股票和房地产，可能更受青睐。

6. 定期审查和调整

家庭资产配置并非一劳永逸的决策，而是需要定期审查和调整的。家庭的财务状况、市场条件和经济环境都可能发生变化，因此需要根据实际情况对资产配置策略进行调整。定期审查还有助于确保投资组合仍然符合家庭的财务目标和风险承受能力。

7. 充分利用税收优惠

在家庭资产配置中，充分利用税收优惠是一个重要的考虑因素。不同类型的投资可能会受到不同的税收影响，例如，某些地区可能对股息收入和资本利得征收不同的税率。了解并利用税收优惠可以最大限度地增加投资回报。

8. 灵活应对紧急情况

在制定家庭资产配置策略时，需要考虑家庭可能面临的紧急情况，如医疗费用、家庭成员失业等。确保有足够的紧急储备和保险，以应对这些不可预测的情况，避免因紧急支出而影响正常生活。

9. 保持投资知识更新

资产配置策略的成功执行需要对市场、经济和投资工具的深入了解。家庭成员应该保持投资知识的更新，关注市场动态，理解全球经济趋势，以做出更为明智的投资决策。

家庭资产配置是一个持续演进的过程，需要根据家庭的财务目标、风险承受能力和市场条件进行不断调整。通过理解家庭的整体财务状况、设定明确的投资目标、多元化投资组合、灵活应对市场变化，以及充分利用税收优惠等策略，家庭可以更好地实现财务目标，提高资产增值的效率。财务规划专业人士的建议也可能对家庭资产配置策略的制定和实施提供有益的帮助。

二、不同家庭阶段的理财规划建议

理财规划在不同家庭阶段具有不同的重点和策略，因为家庭的需求、责任和财务目标随着时间的推移而变化。以下是针对不同家庭阶段的理财规划建议，以帮助家庭更好地应对各种经济挑战和实现财务目标。

（一）第一阶段：单身时期

在单身时期，个人的财务状况相对简单，主要关注个人的收入、支出和储蓄。以下是一些建议：

制定预算：建立详细的预算，包括收入、支出和储蓄计划。确保有足够的储蓄以备不时之需。

建立紧急储备：至少储备 3-6 个月的生活费用，以防突发事件，如失业、健康问题等。

建立信用记录：建立良好的信用记录，这对将来购房、贷款等方面至关重要。

投资知识培养：学习基本的投资知识，了解不同的投资工具，为将来的投资打下基础。

购买适当的保险：考虑购买健康保险和租赁保险，以确保在紧急情况下有足够的保障。

（二）第二阶段：家庭的初期阶段

当家庭开始形成时，财务责任增加，需要更加全面的理财规划：

共同预算：夫妻双方需要共同制定家庭预算，确保理解并满足共同的财务目标。

紧急基金扩展：随着家庭支出的增加，应该考虑将紧急基金扩展至 6-12 个月的生活费。

寻找额外收入来源：考虑是否有机会通过兼职工作、副业等方式增加家庭收入。

购买寿险保险：考虑购买寿险保险，以确保在主要收入提供者去世时，家庭有足够的财政保障。

规划子女教育金：开始为子女的教育金做规划，并选择合适的教育储蓄计划。

房屋购买计划：如果适用，制定购房计划，考虑贷款和按揭支付的相关事项。

（三）第三阶段：子女成长阶段

子女成长期是财务压力最大的时期之一，需要更加谨慎的理财规划：

教育基金管理：继续为子女的教育基金做规划，并确保投资组合的稳健性。

健康保险考虑：考虑家庭成员的健康保险需求，并选择适当的医疗保险计划。

购房升级计划：如果家庭需要更大的住房空间，制订购房升级计划，并考虑房贷和财务影响。

退休规划：开始加大对养老金的投资，并考虑其他形式的退休规划，确保退休生活的经济自由。

遗产规划：考虑起草遗嘱，确保合理的财产分配和子女的未来保障。

（四）第四阶段：子女独立阶段

当子女逐渐独立时，家庭财务状况可能再次发生变化：

精简保险：评估家庭的保险需求，可能可以调整或取消一些附加保险。

投资调整：根据退休计划的接近，调整投资组合以保证安全性和稳健性。

债务清零：如果可能的话，尽量在退休前清零所有的债务。

社交保障：加强社交关系，建立与同龄人的联系，共同分享退休生活。

享受余生：在保证财务安全的前提下，规划并享受退休生活。

（五）第五阶段：退休生活

退休生活是一个家庭经济规划的巅峰，需要全面考虑退休金、医疗保险和遗产传承等方面：

退休收入：确保退休金、社保和其他投资组合能够支持退休生活的花销。

医疗保险：定期评估医疗保险计划，确保足够的医疗保障。

遗产传承：更新遗嘱，规划财产传承，确保家庭成员的经济安全。

生活方式调整：根据退休后的实际情况，调整生活方式，可能需要精简开支或者考虑一些兴趣爱好和旅行计划。

长期护理保险：考虑购买长期护理保险，以防未来可能出现的健康问题。

投资保值增值：确保投资组合能够保值增值，以满足可能出现的通货膨胀和生活费用增加。

社区参与：参与社区活动，与其他退休人士建立社交网络，保持活跃的社交生活。

灵活规划：随着退休后生活的变化，灵活调整支出和投资计划，以适应不同的情况。

在每个阶段，理财规划都需要根据家庭的具体情况进行调整。重要的是，家庭成员之间要保持沟通，共同制定并执行理财计划。此外，及时寻求专业理财建议也是一个不错的选择，专业理财师可以帮助家庭更好地应对各种财务挑战。

总的来说，良好的理财规划可以为家庭创造财务安全感，使其在生活的各个阶段都能更好地应对变化和挑战，实现财务自由和长期的经济安全。

第二章　储蓄投资策略

第一节　网上银行储蓄

一、网上银行储蓄的优势与劣势

随着科技的不断发展，传统的银行业务逐渐向数字化、网络化方向演进，网上银行储蓄作为一种新型的金融服务方式，越来越受到人们的关注和选择。本书将探讨网上银行储蓄的优势与劣势，以帮助读者更好地了解这一金融服务形式，并在理性选择中获得更好的财务体验。

（一）网上银行储蓄的优势

1.便捷性

（1）24/7 全天候服务

网上银行储蓄提供全天候的服务，使用户能够在任何时间、任何地点进行存款、取款、转账等操作，充分满足现代人随时随地的金融需求。

（2）免去时间和空间限制

与传统银行不同，网上银行储蓄不受地域限制，用户可以随时通过互联网进行操作，省去了排队等待的时间，为用户提供更加便捷的服务体验。

2.利率优势

（1）较高的利率

为吸引更多用户，许多网上银行推出了较高的存款利率，相较于传统银行的储蓄利率更有竞争力，这对于用户来说是一种实实在在的利益。

（2）优惠活动和奖励

网上银行通常通过推出各种促销活动、返利计划等方式来吸引用户。这些优惠措施使用户在网上银行储蓄中能够享受到更多的实际利益。

3. 账户管理的便捷性

（1）实时账户查询

网上银行提供实时账户查询功能，用户可以随时查看账户余额、交易明细等信息，方便及时了解个人财务状况。

（2）交易历史记录

通过网上银行，用户可以方便地查看交易历史记录，包括存取款、转账等明细，有助于更好地管理个人财务。

4. 安全性

（1）加密技术保障

网上银行储蓄采用先进的加密技术，保障用户在进行各类交易时的信息安全，有效防范网络犯罪和盗窃。

（2）多层次的身份验证

为了确保用户的账户安全，网上银行通常采用多层次的身份验证机制，如密码、动态验证码等，提高了用户账户的安全性。

5. 服务多样性

（1）网上理财产品

除了传统储蓄外，网上银行还推出了各类理财产品，包括货币基金、定期存款等，为用户提供更多投资选择，帮助实现资产增值。

（2）便捷支付服务

网上银行支持多种支付方式，用户可以通过网上银行完成信用卡还款、水电费缴纳等各类支付，提高了支付的灵活性和便捷性。

（二）网上银行储蓄的劣势

1. 网络安全隐患

（1）网络攻击风险

尽管网上银行采取了一系列的安全措施，但用户在进行网上银行储蓄时仍面临网络攻击的风险，如恶意软件、网络钓鱼等。

（2）账户被盗风险

用户的账户信息可能因个人疏忽或第三方攻击而被窃取，导致资金损失。因此，用户需加强信息安全意识，避免个人信息泄露。

2. 依赖网络的不稳定性

（1）网络连接不稳定

用户在使用网上银行储蓄服务时，可能会受到网络连接不稳定的影响，导致操作受阻，增加了使用的不确定性。

（2）服务器故障问题

网上银行服务器故障可能导致用户无法正常进行交易和查询操作，这种情况下用户可能需要等待银行的技术维护和修复。

3. 技术障碍和用户体验

（1）技术门槛

对于一些年长或技术水平较低的用户，使用网上银行可能存在一定的技术门槛，不够友好的界面和操作方式可能使其感到困扰。

（2）客户服务的不足

相比于传统银行的柜台服务，网上银行的客户服务可能相对不足，用户在遇到问题时可能难以及时获得帮助，影响了整体的用户体验。

4. 隐私保护与法律问题

（1）隐私保护

用户在使用网上银行服务时需要提供个人信息，存在隐私泄露的风险。

虽然银行有责任保护用户隐私，但用户仍需警惕个人信息被滥用的可能性。

（2）法律问题

在互联网金融领域，法律法规相对较新，用户和银行之间可能存在法律责任和权益保障的不足。一旦出现纠纷，解决可能会比较复杂。

5. 传统银行服务的缺失

（1）缺乏面对面服务

相比于传统银行，网上银行缺乏面对面的服务，对于一些复杂的金融需求或问题，用户可能更愿意选择传统银行，寻求柜台服务。

（2）现金业务不便

网上银行主要面向电子化的金融服务，对于现金的处理不如传统银行便捷。用户在有大额现金交易需求时可能需要额外考虑。

（三）如何合理利用网上银行储蓄服务

1. 提高信息安全意识

用户在使用网上银行时，应提高信息安全意识，避免点击不明链接，定期更换密码，保护个人账户信息的安全，降低被盗风险。

2. 注意选择正规平台

在选择网上银行时，用户应该选择正规、有信誉的银行平台，确保其符合监管要求，提高用户的安全感。

3. 多样化资金管理

除了储蓄外，用户可以考虑利用网上银行提供的其他金融服务，如理财产品、基金等，实现资金多样化管理，提高资金的增值效果。

4. 定期检查账户与交易记录

用户应定期检查网上银行账户与交易记录，及时发现异常情况，以便采取有效的措施，减少潜在的财务损失。

5. 合理规划现金使用

对于有大额现金交易需求的用户，可以合理规划现金使用，选择传统银行进行现金相关的操作，以提高便捷性。

6. 注意法律风险

在使用网上银行服务时，用户需要了解相关的法律法规，保护自己的权益，如果有疑虑，可以咨询专业的法律意见。

网上银行储蓄作为一种现代化金融服务方式，带来了诸多便利和优势，但同时也伴随着一些劣势和风险。用户在选择使用网上银行储蓄服务时，应充分了解其优劣势，提高信息安全意识，选择正规平台，合理规划资金，同时注意法律风险，以更好地利用这一便利的金融服务方式，实现自身的财务目标。在未来，随着科技的不断进步和监管制度的完善，相信网上银行储蓄将更好地服务于广大用户，成为金融服务的重要形式之一。

二、制订有效的网上银行储蓄计划

随着科技的快速发展，网上银行储蓄已经成为现代生活中不可或缺的一部分。制订一个有效的网上银行储蓄计划对于个人财务的健康和增长至关重要。本书将从设定储蓄目标、选择合适的储蓄产品、合理规划资金、定期评估和调整等方面，详细探讨如何制订一个有效的网上银行储蓄计划。

（一）设定明确的储蓄目标

1. 确定短期与长期目标

在制定网上银行储蓄计划时，首先要明确自己的储蓄目标。这包括短期目标，如购物、旅行等，以及长期目标，如购房、子女教育、养老规划等。不同的目标需要不同的储蓄策略，因此在设定目标时要有清晰的时间框架。

2. 确定具体的数字目标

将目标具体量化，确定需要储蓄的具体金额。例如，如果计划旅行，可以估算旅行的费用，并设定一个合理的目标数字。这有助于更有针对性地制定储蓄计划，同时激发储蓄的积极性。

3. 分类储蓄目标的优先级

如果同时存在多个储蓄目标，应根据其重要性和紧迫性确定优先级。将储蓄目标分为高、中、低三个优先级，有助于更有序地安排资金分配，确保首要目标能够得到满足。

（二）选择合适的储蓄产品

1. 了解不同储蓄产品的特点

在网上银行中，有多种储蓄产品可供选择，包括活期存款、定期存款、货币基金等。了解不同产品的特点，包括利率、期限、风险等，有助于根据个人需求选择合适的储蓄产品。

2. 利用货币基金进行短期储蓄

对于短期目标，可以选择将资金存入货币基金。货币基金通常具有较高的流动性，适合短期储蓄，同时相对低的风险也保证了资金的相对安全性。

3. 利用定期存款进行长期规划

对于长期目标，可以考虑选择定期存款。定期存款通常有较高的利率，通过锁定资金一定时间，可以获取更好的收益。选择不同期限的定期存款，可以根据不同的储蓄目标进行合理配置。

4. 多元化投资组合

除了传统的储蓄产品外，还可以考虑投资其他理财产品，如股票、债券等。在网上银行中，很多平台提供了丰富的理财产品选择，通过多元化投资组合，提高资金的增值潜力。

（三）合理规划资金

1. 制订每月储蓄计划

根据设定的储蓄目标，制订每月的储蓄计划。将每月的收入和支出列明，确定合理的储蓄金额。可以采用固定储蓄额度或按照收入的一定比例进行储蓄。

2. 控制消费，增加储蓄额度

在储蓄计划中，不仅要考虑如何分配已有的收入，还需要通过控制消费，释放更多资金用于储蓄。可以通过制定合理的预算、降低不必要的开支等方式来增加储蓄额度。

3. 高收入时适度增加储蓄

当个人收入较高时，可以适度增加储蓄金额。通过灵活调整储蓄计划，将多余的资金用于更快速地实现储蓄目标，提高财务的灵活性。

（四）定期评估和调整

1. 定期检查储蓄进度

设定的储蓄目标可能随着时间的推移发生变化，因此需要定期检查储蓄进度。通过查看储蓄账户的余额、投资收益等，了解是否需要调整储蓄计划。

2. 调整储蓄计划

储蓄计划不是一成不变的，应根据实际情况进行调整。如果目标有变化，例如增加了一项新的支出，就需要调整储蓄计划，确保目标能够得到充分实现。

3. 优化投资组合

如果选择了多元化的投资组合，需要定期评估投资的状况，了解每个理财产品的表现。根据市场变化和个人风险承受能力，优化投资组合，确保资金处于合适的配置状态。

4. 遇到紧急情况的应急调整

在生活中难免会遇到一些紧急情况，如突发的支出需求或收入减少等。在这种情况下，需要及时进行应急调整，可能需要暂时降低储蓄计划中的额度，以应对紧急支出的需要。

（五）安全使用网上银行服务

1. 保护账户安全

在制订网上银行储蓄计划的过程中，保护账户安全是至关重要的。确保设置强密码，不轻易分享账户信息，及时更新密码，以降低账户被盗的风险。

2. 定期检查账户活动

定期检查网上银行账户的活动，及时发现账户异常情况。如果发现未经授权的交易或其他问题，及时联系银行进行核实和处理，确保账户安全。

3. 关注银行通知和警示

许多银行提供账户活动的通知服务，用户可以设置接收交易提醒、余额变动等通知，及时了解账户的变化。同时，关注银行发布的安全警示，增强风险意识。

（六）建立紧急储备

1. 设置应急储备计划

除了长期储蓄目标外，建议在储蓄计划中设立一个紧急储备。这个储备可用于应对紧急支出，如医疗费用、车辆维修等，以确保在紧急情况下不影响其他储蓄目标的实现。

2. 定期补充紧急储备

定期检查和补充紧急储备，确保其保持足够的水平。一般建议紧急储备能够覆盖3至6个月的生活开支，以应对可能的突发情况。

（七）理性对待投资风险

1. 充分了解投资产品

对于选择的投资产品，应充分了解其特点、风险和预期收益。不同的投资产品有不同的风险水平，投资者要根据自身的风险承受能力和投资目标做出理性的选择。

2. 分散投资风险

通过分散投资，避免集中在某一种投资工具或领域，降低整体投资组合的风险。多样化投资可以在某些投资出现亏损时，其他投资仍能够保持稳定。

3. 长期投资观念

在制订网上银行储蓄计划时，要具备长期投资的观念。避免过于短期追求高回报，理性对待市场波动，坚持长期投资规划，享受时间带来的收益。

（八）定期咨询专业财务顾问

1. 寻求专业建议

在制定和执行网上银行储蓄计划的过程中，如果遇到复杂的财务问题或不确定的决策，建议寻求专业财务顾问的建议。专业的意见能够帮助投资者更全面、深入地了解各种金融产品和风险。

2. 定期评估投资组合

与专业财务顾问合作，定期评估整体投资组合，根据市场走势和个人情况进行调整。财务顾问能够根据专业知识提供更科学的理财建议，帮助投资者更好地实现财务目标。

制订一个有效的网上银行储蓄计划是实现个人财务目标的基础。通过设定明确的储蓄目标、选择合适的储蓄产品、合理规划资金、定期评估和调整等方面的步骤，可以帮助投资者更好地管理资金，提高财务的安全性和增长潜力。在执行储蓄计划的过程中，要注重安全使用网上银行服务，建立紧急储备，理性对待投资风险，并定期咨询专业财务顾问，以确保整个储蓄过程更加科学、合理、安全。希望这些建议能够帮助读者更好地制订和实施网上银行储蓄计划，实现个人财务的全面健康发展。

第二节　储蓄理财的技巧

一、储蓄账户选择与管理

储蓄账户是个人财务规划的基础，选择合适的储蓄账户并进行有效管理对于个人资金的安全和增值至关重要。本书将深入探讨如何选择适合个人需求的储蓄账户，以及在日常管理中如何最大化其效益。

（一）储蓄账户的种类

1. 活期储蓄账户

活期储蓄账户是最为常见的一种储蓄方式，具有高流动性，随时可以随取随用。这类账户通常没有存款期限，但其利率相对较低。适合用于日常开支和紧急支出。

2. 定期储蓄账户

定期储蓄账户需要将一定金额的资金存入，按照约定的期限和利率进行存款。由于锁定期限，其利率相对较高。适合长期储蓄和为特定目标积累资金。

3. 电子储蓄账户

电子储蓄账户通常通过网上银行或手机 APP 进行开设和管理，具有高度的便捷性和灵活性。这类账户可以是活期也可以是定期，但更强调在线服务和数字化操作。

4. 货币基金账户

货币基金账户是一种将资金投资于短期债券等低风险金融工具的储蓄方式。相对于传统储蓄账户，货币基金通常具有更高的收益率，适合短期储蓄和资产保值。

（二）选择储蓄账户的考虑因素

1. 流动性需求

根据个人的流动性需求，选择合适的储蓄账户。如果需要随时取款应对日常开支，活期储蓄账户可能更适合；而如果有较长期的储蓄计划，可以考虑定期储蓄账户。

2. 存款期限

定期储蓄账户的存款期限较长，一般从数月到数年不等。选择存款期限时，需根据个人储蓄目标和资金的预期使用时间来合理安排，以充分利用高利率的同时确保资金的灵活性。

3. 利率水平

各种储蓄账户的利率水平存在差异，需要根据目标和风险承受能力选择。通常来说，活期储蓄账户利率较低，而定期储蓄账户和货币基金账户的利率相对较高。

4. 账户费用

一些储蓄账户可能会收取一些账户管理费用或交易费用，需要在选择时考虑清楚。选择无费用或低费用的账户可以最大限度地保障储蓄的收益。

5. 网上服务和便捷性

随着科技的发展，越来越多的人选择网上银行和电子储蓄账户。考虑账户的在线服务质量、网银功能、移动 APP 的便捷性等因素，以提高账户管理的效率。

6. 安全性考虑

安全性是选择储蓄账户时必不可忽视的因素。确保选择的银行或金融机构具有良好的信誉，实行有效的安全措施，以保障账户资金的安全。

（三）储蓄账户管理的基本原则

1. 设立储蓄目标

在设立储蓄账户时，首先要明确储蓄的目标。是为了备用金，购置大件商品，还是长期积累养老资金，都会影响账户的选择和管理策略。

2. 制订储蓄计划

制定一份详细的储蓄计划，包括每月的储蓄金额、存入的储蓄账户类型、存款期限等。储蓄计划有助于规范储蓄行为，确保按时完成储蓄目标。

3. 定期检查账户余额

定期检查储蓄账户的余额，确保账户内有足够的资金用于应对紧急支出和达成储蓄目标。及时调整储蓄计划，确保账户始终处于良好状态。

4. 利用自动储蓄服务

利用自动储蓄服务，将设定好的金额定期转入储蓄账户。这种方式可以确保每月都有一定金额用于储蓄，提高储蓄的纪律性。

5. 避免频繁取款

为了确保储蓄的稳健性，尽量避免频繁取款。建议将储蓄账户与日常消费账户分开，以减少取款的诱惑。

6. 利用奖励和福利

一些银行和金融机构提供了与储蓄账户相关的奖励和福利。这可能包括开户奖励、高利率推广期、使用特定支付工具的额外回报等。了解并充分利用这些奖励和福利，可以增加储蓄的实际收益。

7. 定期更新储蓄策略

个人的财务状况和储蓄目标可能随时间而变化。因此，定期更新储蓄策略是十分重要的。例如，当收入有所增加时，可以考虑增加储蓄金额或选择更具收益的储蓄产品。

8. 建立紧急储备

除了设定长期储蓄目标外，建议在储蓄账户中设立一个紧急储备。这个紧急储备可用于应对突发支出，如医疗费用、车辆维修等，保障个人财务的稳健性。

（四）应对储蓄账户可能面临的问题

1. 通货膨胀

通货膨胀会影响货币的购买力，导致相同金额的资金在未来购买力下降。因此，储蓄账户的实际收益可能无法完全抵御通货膨胀。为了应对这一问题，可以考虑将部分资金投资于具有较高收益的理财产品或投资工具。

2. 利率波动

储蓄账户的利率可能受到市场利率波动的影响。在利率较低的时期，储蓄账户的收益可能较为有限。因此，需要在选择储蓄账户类型时，考虑其利率的稳定性和长期收益表现。

3. 账户安全

随着数字化时代的到来，账户安全问题日益引起关注。个人应采取有效措施，如定期修改密码、开启双重验证、谨防网络钓鱼等，以确保储蓄账户的安全。

4. 机会成本

将资金放入储蓄账户意味着放弃了其他更高风险、更高回报的投资机会。在长期储蓄中，需要权衡安全性和收益之间的关系，以获得最优的储蓄收益。

储蓄账户选择与管理是个人财务规划中的重要一环。通过选择合适的储蓄账户类型，考虑流动性需求、存款期限、利率水平、账户费用、网上服务和安全性等因素，可以更好地满足个人的储蓄需求。在储蓄账户管理方面，建议设立明确的储蓄目标，制定合理的储蓄计划，定期检查账户余额，利用自动储蓄服务等方式，提高储蓄的纪律性和效益。同时，应对可能面临的问题，如通货膨胀、利率波动、账户安全和机会成本等，制定相应的策略进行风险管理。通过科学的储蓄账户选择和有效的管理，个人可以更好地保障资金的安全性和增值潜力，实现更好的财务状况。希望本书提供的建议能够帮助读者更好地理解储蓄账户的选择与管理，并在个人财务规划中取得更好的成果。

二、制订个人储蓄目标与计划

个人储蓄目标的制定是财务规划的关键步骤之一，它直接关系到个人未来的经济状况和生活质量。妥善制订个人储蓄目标，结合实际情况制订合理的储蓄计划，有助于提高财务安全性、实现梦想和更好地应对未来的不确定性。本书将深入探讨如何制个人储蓄目标，以及制订有效储蓄计划的步骤与技巧。

（一）制订个人储蓄目标

1.确定长期和短期目标

个人储蓄目标应该基于个人的生活阶段和需求，包括长期和短期的目标。长期目标可能包括购房、子女教育、养老规划等，而短期目标可以是旅行、购物、紧急备用金等。明确目标有助于更有针对性地制订储蓄计划。

2.量化目标金额

将储蓄目标具体量化为具体的金额，这有助于更明确地制订储蓄计划。例如，如果目标是购房，需要确定购房的首付金额和贷款金额；如果目标是子女教育，需要估算教育费用。通过具体的数字，可以更有针对性地进行储蓄规划。

3.区分优先级

对不同的储蓄目标进行优先级排序，确定哪些是紧急且重要的，哪些是长远规划。这有助于在有限的储蓄资金下更合理地分配和管理。

（二）制订储蓄计划的步骤

1. 审视现有财务状况

在制订储蓄计划之前，需要全面了解自己的财务状况。包括收入、支出、资产、负债等方面的情况。这可以通过制定个人财务报表来实现，以便更清晰地看到资金流动的状况。

2. 制定合理的储蓄比例

根据个人的收入水平、支出情况以及储蓄目标，制定合理的储蓄比例。通常建议将储蓄比例设定为总收入的一定百分比，如10%或20%。通过设定合理的储蓄比例，确保在每个月的预算中有足够的资金用于储蓄。

3. 制定详细的预算计划

储蓄计划需要建立在详细的预算计划之上。列出每个月的收入和支出，包括生活费用、房租或房贷、水电费、保险费用、娱乐开支等。通过详细的预算计划，可以更好地掌握资金的流向，找出可以优化的空间。

4. 制定时间计划表

将储蓄目标与时间相结合，制定一个时间计划表。明确每个目标的预期实现时间，例如在未来5年内购房，未来10年内完成子女教育规划。通过时间计划表，可以更好地安排储蓄计划，确保在特定时间内达成目标。

（三）制定有效储蓄计划的技巧

1. 灵活调整计划

生活中难免会有一些突发情况或变化，因此储蓄计划需要具有一定的灵活性。在有需要的情况下，可以适度调整储蓄计划，确保仍然符合实际情况。

2. 制订分阶段计划

对于长期目标，可以将其分解为若干个阶段，每个阶段制订相应的储蓄计划。例如，购房目标可以分为首付阶段、按揭还款阶段等。分阶段制订计划更具可操作性，也更容易保持长期的储蓄动力。

3. 寻找额外收入来源

在储蓄计划中，寻找额外的收入来源可以加速实现目标。这可能包括兼职工作、投资收益、副业等。通过增加收入，可以提高储蓄比例，更快地实现目标。

4. 利用税收优惠政策

在制定储蓄计划时，要了解相关的税收政策，合理利用可以减轻负担的税收优惠。

（四）应对可能的困难与挑战

1. 突发支出的应对

生活中难免会遇到一些紧急情况，例如突发疾病、车辆维修等需要大额支出的情况。因此，在制订储蓄计划时，应考虑留出一部分资金作为紧急备用金。建议建立一个专门的紧急储备账户，确保在遇到紧急情况时有足够的资金应对，而不会影响原有的储蓄计划。

2. 面临收入波动时的调整

有些人可能面临着不稳定的收入，如自由职业者或季节性工作的人。在这种情况下，储蓄计划需要更具弹性，能够随时根据实际收入情况进行调整。建议建立一个相对宽裕的储蓄计划，以便在高收入时增加储蓄比例，而在低收入时进行适度的调整。

3. 通货膨胀对储蓄目标的影响

通货膨胀会使购买力下降，因此，在长期储蓄计划中需要考虑通货膨胀对目标金额的影响。可以采取的策略包括选择一些具备一定投资收益的储蓄产品，以抵御通货膨胀对资金价值的侵蚀。

4. 长期储蓄计划的持久性

制订长期储蓄计划需要长期的坚持和执行，这对于一些人来说可能是一项挑战。为了保持储蓄计划的持久性，可以设定一些里程碑，如每年检查一次储蓄计划的执行情况，并进行适度的调整。另外，可以与家人或朋友分享储蓄目标，形成相互监督和支持的机制。

制订个人储蓄目标与计划是实现财务健康的基石。通过明确长短期目标、量化目标金额、制定储蓄计划的步骤、技巧，以及应对可能的困难与挑战，个人可以更有针对性地管理资金，提高储蓄的效益和执行力。灵活调整计划、分阶段制定计划、寻找额外收入、利用税收优惠政策等策略有助于更好地应对实际生活中的变化。在面对挑战时，如突发支出、收入波动、通货膨胀等，及时调整计划、留有弹性是保持储蓄计划的持久性的关键。

最终，一个明确、合理的储蓄目标与计划，不仅有助于实现个人的梦想和生活质量提升，也为未来提供了更强大的经济支持。希望本书提供的建议能够帮助读者更好地制订和执行个人储蓄目标与计划，实现个人财务的全面健康发展。

第三章　银行理财产品投资策略

第一节　银行理财产品概述

一、银行理财产品的种类与特点

随着金融市场的不断发展和投资理念的逐渐成熟，银行理财产品作为一种相对低风险的投资工具逐渐受到广大投资者的青睐。银行理财产品种类繁多，具有不同的特点和风险收益特征。本书将深入探讨银行理财产品的种类以及它们各自的特点，旨在帮助投资者更好地了解并选择适合自己需求的理财产品。

（一）银行理财产品的分类

银行理财产品根据不同的标准可以进行多层次的分类，一般可以从以下几个维度进行划分：

1.产品期限

银行理财产品根据期限的不同可以分为短期理财产品和长期理财产品。

（1）短期理财产品

短期理财产品通常期限较短，一般在三个月到一年之间。这类产品的特点是流动性强，投资者可以较快地回收本金和收益。短期理财产品主要用于短期资金的保值增值。

（2）长期理财产品

长期理财产品的期限较长，可能包括数年，甚至更长。这类产品的特点是通常具有较高的利率，适合用于长期储蓄和资产配置。

2. 风险水平

根据风险水平的不同，银行理财产品可以分为低风险、中风险和高风险产品。

（1）低风险理财产品

低风险理财产品主要投资于低风险的金融工具，如政府债券、银行存款等。这类产品的收益相对较低，但也较为稳定，适合风险偏好较低的投资者。

（2）中风险理财产品

中风险理财产品的投资范围相对较广，可能包括一些具有一定风险但收益较高的金融工具，如企业债券、信托产品等。这类产品的收益和风险相对平衡，适合风险承受能力较为中等的投资者。

（3）高风险理财产品

高风险理财产品通常涉及一些较为复杂、风险较高的金融衍生品或股权投资。这类产品的收益潜力较大，但也伴随着更高的风险。适合追求高收益、风险承受能力较强的投资者。

3. 投资对象

银行理财产品的投资对象也是一个常见的分类维度。

（1）固定收益类理财产品

固定收益类理财产品主要投资于固定收益类资产，如债券、票据等。这类产品的特点是收益相对稳定，适合追求稳健收益的投资者。

（2）混合型理财产品

混合型理财产品在投资组合中既包含固定收益类资产，又包含一定比例的权益类资产，如股票。这类产品的风险和收益相对平衡，适合对风险和收益都有一定追求的投资者。

（3）股权类理财产品

股权类理财产品主要投资于股票市场，可能包括股票基金、股权投资计划等。这类产品的特点是风险较高，但同时也有较大的收益潜力。适合有较高风险承受能力、追求长期资本增值的投资者。

4.发行主体

根据发行主体的不同，银行理财产品可以分为银行发行和非银行发行。

（1）银行发行理财产品

银行发行的理财产品通常以银行的信誉作为背书，相对较为安全。银行理财产品的风险主要体现在投资标的的风险上，相对来说，本金的安全性较高。

（2）非银行发行理财产品

非银行发行的理财产品可能包括信托计划、基金产品等，这类产品的风险和收益通常较为多样化，投资者需要更加关注发行主体的信誉和管理水平。

（二）银行理财产品的特点

1.固定收益特点

（1）稳定收益

固定收益类理财产品通常以债券为主要投资标的，因此具有相对稳定的收益。投资者可以在购买时就知道产品到期时的收益水平，有助于规划投资收益。

（2）低风险

由于主要投资于固定收益工具，这类理财产品的风险相对较低。适合追求稳健收益、对风险敏感度较低的投资者。

2.混合型特点

（1）风险分散

混合型理财产品通过投资于不同类型的资产，实现了投资组合的多样化，可以有效分散风险。这有助于降低整体投资组合的波动性。

（2）收益和风险平衡

相对于纯债券或纯股票产品，混合型理财产品更加注重风险和收益的平衡。适合追求一定收益，但同时愿意承担一定风险的投资者。

3. 股权类特点

（1）高收益潜力

股权类理财产品主要投资于股票市场，具有较高的收益潜力。股票市场的涨幅可能带来较大的投资回报。

（2）高风险

由于股票市场的波动性较大，股权类理财产品的风险相对较高。适合有较高风险承受能力的投资者，并愿意接受一定程度的市场波动。

4. 非银行发行特点

（1）多样化投资标的

非银行发行的理财产品通常具有更多样化的投资标的，可能包括不同类型的信托计划、基金等。这有助于实现更广泛的资产配置。

（2）需谨慎选择

非银行发行的理财产品涉及的投资标的和投资策略更加多样，投资者需要更谨慎地选择产品，关注发行主体的信誉和产品的透明度。

（三）选择银行理财产品的注意事项

1. 了解自身风险承受能力

在选择银行理财产品时，首先要充分了解自身的风险承受能力。不同类型的理财产品风险水平差异较大，投资者应根据自己的风险偏好和投资目标选择合适的产品。

2. 注意产品的投资期限

不同期限的理财产品适用于不同的投资需求。如果有短期资金需求，可以选择短期理财产品；而如果是长期储蓄计划，可以考虑选择长期理财产品。

3. 关注产品的收益水平

投资者在选择理财产品时，通常会关注产品的收益水平。然而，高收益往往伴随着更高的风险。投资者应在风险和收益之间取得平衡，不要盲目追求高收益而忽略风险。

4. 注意产品的流动性

理财产品的流动性也是投资者需要关注的重要因素。一些理财产品可能具有较长的锁定期，不能提前赎回，因此投资者在选择时需要根据自身的资金需求和流动性要求进行考虑。

5. 查阅产品的相关信息

在选择理财产品时，投资者应查阅相关信息，包括产品的发行主体、投资标的、预期收益率、风险评级等。可以通过银行官方网站、产品说明书、销售人员的介绍等途径获取产品信息。了解清楚产品的具体情况有助于做出更为明智的投资决策。

6. 注意产品的费用情况

理财产品可能会涉及一些费用，如管理费、销售服务费等。这些费用可能会影响最终的实际收益。在选择理财产品时，投资者应该了解产品的费用情况，并综合考虑费用与收益之间的关系。

7. 关注市场环境和经济状况

市场环境和经济状况对理财产品的表现有一定影响。投资者在选择理财产品时，应关注当前的宏观经济环境、利率水平、通货膨胀率等因素，以便更好地判断理财产品的风险和收益。

8. 分散投资

为了降低投资风险，投资者可以考虑分散投资。不要将所有资金集中投入某一种类型的理财产品，而是可以在不同的产品之间进行分散配置，实现资产的多元化。

9.定期调整投资组合

市场情况和个人财务状况可能会发生变化，投资者应该定期评估和调整自己的投资组合。根据市场环境、个人的资金需求和风险偏好等因素，适时进行资产配置的调整。

（四）银行理财产品的风险与挑战

1.利率风险

银行理财产品的收益通常与市场利率挂钩，存在利率风险。如果市场利率上升，固定利率的理财产品可能无法享受到更高的收益，反而可能出现本金相对贬值的情况。

2.市场风险

投资于股票、基金等权益类资产的理财产品会受到市场波动的影响，存在市场风险。股票市场的不确定性可能导致投资者面临较大的资产波动，需要有较强的风险承受能力。

3.流动性风险

部分银行理财产品可能存在较长的锁定期，投资者在此期间可能无法提前赎回资金。这种流动性风险可能导致投资者在急需资金时无法及时取得。

4.信用风险

非银行发行的理财产品可能涉及信托计划、基金等多样化的投资标的，其中某些标的可能存在一定的信用风险。投资者需对发行主体的信誉、投资标的的风险进行充分评估。

5.通货膨胀风险

通货膨胀可能导致货币的购买力下降，影响理财产品实际收益的实质性增长。投资者需要考虑通货膨胀对投资组合的影响，选择更好抵御通货膨胀的资产配置方式。

银行理财产品作为一种相对低风险的投资工具，适合广大投资者进行资产配置和财务规划。在选择银行理财产品时，投资者需要充分了解不同种类理财产品的特点、风险和收益特征，根据自身的风险承受能力、投资目标和资金需求进行合理的选择。

在投资过程中，需要谨慎选择产品、关注市场环境、定期调整投资组合，以降低风险、实现资产的长期增值。同时，投资者也应该充分认识到银行理财产品存在一定的风险与挑战，理性对待投资，不盲目追求高收益，做好风险管理，确保投资安全。希望本书提供的信息能够帮助投资者更好地理解银行理财产品，做出明智的投资决策。

二、选择适合个人需求的银行理财产品

随着金融市场的不断发展，银行理财产品作为一种投资工具逐渐受到广大投资者的关注。然而，在众多理财产品中选择适合个人需求的产品并非易事。本书将深入探讨如何选择适合个人需求的银行理财产品，包括个人需求分析、常见理财产品的特点、选择时的注意事项等方面，旨在帮助投资者更好地进行理财规划。

（一）个人需求分析

1.确定投资目标

在选择银行理财产品之前，投资者需要明确自己的投资目标。投资目标可能包括短期的资金增值、中期的子女教育、长期的养老规划等。根据不同的投资目标，可以选择不同期限和风险水平的理财产品。

2.评估风险承受能力

投资者需要充分评估自己的风险承受能力，确定自己对风险的容忍程度。不同的理财产品具有不同的风险水平，投资者应该根据个人的风险偏好选择适合的产品。

3.考虑资金流动性需求

个人的资金流动性需求也是选择理财产品的一个重要因素。如果有较短期的资金需求，需要选择具有较高流动性的理财产品，而对于长期储蓄计划则可以考虑选择锁定期较长的产品。

4.了解税收政策

不同类型的理财产品可能涉及不同的税收政策。投资者应该了解相关税收政策，选择符合自己财务状况和税务需求的产品，以最大限度地保留投资收益。

（二）常见银行理财产品的特点

1.定期存款

（1）特点

固定期限，一般有短期、中期和长期三种选择。

利率相对较高，稳定收益。

期间不可提前支取，锁定期内支取可能面临一定的罚金。

（2）适用人群

风险偏好较低，注重本金保障的投资者。

有明确短期资金需求的人群。

2.活期存款

（1）特点

随时可取，具有高流动性。

利率相对较低，收益相对较稳定。

适合应急资金储备。

（2）适用人群

短期资金储备较多，需要保持流动性的人群。

风险偏好较低，注重资金安全性的投资者。

3. 理财基金

（1）特点

投资于股票、债券等多元化资产，分散风险。

流动性较好，可以随时赎回。

收益相对较高，但存在市场波动风险。

（2）适用人群

追求较高收益，同时能接受一定风险的投资者。

长期储蓄计划，具备相对较强的资金流动性的人群。

4. 理财型保险产品

（1）特点

结合了保险与投资，具有保障功能。

收益相对较稳定，适合长期储蓄。

保险责任期间和缴费期限较灵活。

（2）适用人群

需要寿险保障的同时，追求理财收益的投资者。

有长期储蓄计划，注重风险保障的人群。

（三）选择时的注意事项

1. 了解产品细则

在选择理财产品之前，投资者应该仔细了解产品的详细规定，包括期限、利率、费用、提前支取规定等。了解产品的细则有助于避免因为对产品规定不清而导致的不必要损失。

2. 关注产品的风险水平

不同类型的理财产品具有不同的风险水平。投资者在选择时要根据自己的风险承受能力选择适当的产品。一般来说，固定收益类产品相对较为稳健，而股权类产品风险较高。

3. 综合考虑收益和风险

在选择理财产品时，投资者应该综合考虑收益和风险。高收益往往伴随着更高的风险，投资者需要根据自己的投资目标和风险承受能力寻找一个平衡点，避免过度追求高收益而忽视风险。

4. 注意产品的流动性

投资者在选择理财产品时，需要根据自己的资金流动性需求考虑产品的流动性。如果有短期的资金需求，选择具有较高流动性的产品；而对于长期储蓄计划，可以考虑一些锁定期相对较长的产品。

5. 考虑通货膨胀因素

通货膨胀可能对投资产生一定的影响，因此在选择理财产品时，需要考虑通货膨胀的影响。选择能够抵御通货膨胀的理财产品，以确保投资收益能够维持实际增值。

6. 注意产品的费用

不同的理财产品可能涉及不同的费用，如管理费、销售服务费等。投资者在选择时要了解产品的费用情况，并在综合考虑费用和收益的基础上做出决策。

7. 分散投资

为了降低投资风险，投资者可以考虑分散投资，即将资金分配到不同类型的理财产品中。这有助于降低整体投资组合的波动性，提高投资的稳健性。

8. 注意产品的透明度

选择透明度较高的理财产品有助于投资者更好地了解产品运作机制和风险。通过查看产品说明书、相关报告以及咨询销售人员，投资者可以获取更为详尽的信息。

（四）实例分析：根据不同需求选择理财产品

1. 短期资金储备

对于有短期资金储备需求的投资者，可以选择具有较高流动性的产品，如活期存款或短期理财产品。这类产品可以确保随时能够提取资金，满足紧急支出的需要。

2. 长期储蓄计划

对于有长期储蓄计划的投资者，可以考虑一些锁定期较长、收益相对较高的产品，如定期存款、理财型保险产品等。这些产品可以为未来的资金需求提供更稳定的收益。

3. 追求资产增值

如果投资者的主要目标是追求资产的增值，可以选择一些收益较高但风险也相对较高的产品，如理财基金或股权类理财产品。这类产品具有更大的收益潜力，适合有一定风险承受能力的投资者。

4. 风险偏好较低

对于风险偏好较低的投资者，可以选择一些风险较低、本金较为安全的产品，如定期存款、低风险的理财基金等。这有助于保障本金的安全性，降低投资的风险。

选择适合个人需求的银行理财产品是一个需要慎重考虑的过程。通过个人需求分析、理解常见理财产品的特点、注意事项以及实例分析，投资者可以更明智地进行选择。在选择银行理财产品时，要充分考虑自己的投资目标、风险承受能力、资金流动性需求等因素，以及理解产品的具体特点和运作机制。最终，投资者需要根据自己的实际情况，做出科学合理的投资决策，实现财务目标的同时保障本金安全。希望本书提供的指导能够帮助投资者更好地选择适合自己需求的银行理财产品。

第二节　银行理财产品的类型

一、高收益与低风险的银行理财产品

在投资领域，高收益和低风险往往被视为一对矛盾的关系。投资者通常需要在追求较高的回报的同时，要面对潜在的风险。银行理财产品作为一种相对较为安全的投资工具，也存在着高收益与低风险之间的平衡难题。本书将深入探讨高收益与低风险的银行理财产品，包括不同类型产品的特点、选择时的注意事项以及如何在这两者之间找到平衡点。

（一）高收益与低风险的理财产品类型

1. 高收益理财产品

（1）理财基金

投资于股票、债券等多元化资产，有较高的收益潜力。

随市场波动，存在一定风险。

（2）股权类理财产品

以投资于股票为主，具有较高的收益预期。

风险较大，市场波动对产品表现有较大影响。

（3）高收益债券型理财产品

投资于高收益债券，收益相对较高。

存在信用风险，需要谨慎选择债券品种。

2. 低风险理财产品

（1）定期存款

固定期限，本金较为安全。

利率相对较低，收益较为稳定。

（2）活期存款

随时可取，具有高流动性。

利率较低，适合短期储备资金。

（3）低风险的货币市场基金

投资于短期金融工具，风险较低。

收益较为稳定，适合短期理财。

（二）如何选择高收益与低风险的平衡点

1. 了解个人投资目标和风险承受能力

在选择高收益与低风险的平衡点之前，投资者需要充分了解自己的投资目标和风险承受能力。如果追求长期资本增值且能够承受一定风险，可能更倾向于选择高收益的产品；而如果注重本金的安全性，可能更倾向于选择低风险的产品。

2. 分散投资组合

为了在高收益和低风险之间找到平衡，投资者可以考虑分散投资。通过将资金分配到不同风险水平和收益预期的理财产品中，可以有效降低整体投资组合的波动性。这样即使某一部分投资面临风险，其他部分也能够发挥保值增值的作用。

3. 关注市场环境和经济状况

市场环境和经济状况对不同类型的理财产品都有一定影响。在选择时，投资者需要关注当前的宏观经济环境、利率水平、通货膨胀率等因素。不同的市场状况可能使某些产品更具吸引力，需要根据实际情况进行调整。

4. 谨慎选择高收益产品

虽然高收益产品具有诱人的收益潜力，但也伴随着较大的风险。投资者在选择高收益产品时要谨慎，充分了解产品的投资标的、风险水平、历史表现等因素，选择与自身风险承受能力相匹配的产品。

5.理性对待短期波动

高收益产品往往伴随着较大的市场波动，投资者在选择时需要理性对待短期的市场波动。长期持有并关注投资组合的整体表现，可以更好地应对短期的市场波动，避免因短期波动而做出过激的投资决策。

6.定期调整投资组合

市场和经济状况会随时间变化，投资者需要定期评估和调整自己的投资组合。根据市场环境、个人的资金需求和风险偏好等因素，适时进行资产配置的调整，以确保投资组合始终与个人需求相匹配。

7.注意产品的透明度和费用

选择高收益与低风险的平衡点时，投资者还需要关注产品的透明度和费用。透明度较高的产品有助于投资者更好地了解产品运作机制和风险，而过高的费用可能对最终实际收益造成一定的削减。因此，在选择产品时，投资者应谨慎查阅产品说明书、相关报告，了解产品的运作机制，并对费用进行全面考虑。

8.考虑通货膨胀因素

高收益产品通常能够提供较好的资产增值，但投资者也需要考虑通货膨胀因素的影响。如果高收益产品的实际收益无法超过通货膨胀率，实际购买力可能会受到影响。因此，在选择高收益产品时，要充分考虑通货膨胀因素，选择能够抵御通货膨胀的投资方式。

9.灵活运用定期存款和活期存款

定期存款和活期存款是低风险的理财产品，适合用于短期资金的储备。投资者可以灵活运用这两种存款方式，确保资金的流动性，并在需要时快速提取资金应对紧急情况。这也有助于在高风险投资中形成一个安全的储备。

（三）高收益与低风险的平衡策略

1. 制定明确的投资计划

在追求高收益与低风险的平衡时，制定明确的投资计划是关键的一步。投资者应该明确自己的投资目标、时间周期、风险偏好等因素，以便更好地选择适合自己的产品和配置资产。

2. 分阶段投资

将投资分阶段进行，根据市场状况和个人需求调整资产配置。在市场较为不确定的时候，可以更倾向于低风险的产品，确保本金的安全性；而在市场较为稳定的时候，可以适度增加高收益产品的配置，追求更大的资产增值。

3. 定期评估和调整

定期评估投资组合的表现，根据市场的变化和个人的投资目标，及时调整资产配置。这有助于确保投资组合与市场保持一定的适应性，同时根据实际情况调整高收益和低风险产品的比例。

4. 充分了解市场信息

及时获取并充分了解市场信息是制定平衡策略的关键。通过关注金融新闻、经济报告以及专业分析师的观点，投资者可以更好地把握市场走势，为高收益和低风险的平衡提供更为准确的信息基础。

5. 寻求专业建议

对于不确定如何平衡高收益和低风险的投资者，寻求专业的理财建议是一个不错的选择。专业理财顾问可以根据个人的财务状况、投资目标以及市场状况提供个性化的建议，帮助投资者更好地制定平衡的投资策略。

高收益与低风险的平衡是每个投资者都面临的重要问题。在选择银行理财产品时，投资者需要充分了解产品的特点、市场状况和个人需求，以制定出符合自己投资目标的平衡策略。通过分散投资、定期调整、寻求专业建议等方式，投资者可以更好地在高收益与低风险之间取得平衡。最终，理性投资、精细规划将有助于实现个人财务目标，确保投资组合的安全和增值。希望本书提供的指导能够帮助投资者更好地应对高收益与低风险的挑战。

二、互联网时代的新型银行理财产品

随着互联网技术的迅猛发展，银行理财产品也迎来了新的变革时代。传统的银行理财产品主要以定期存款、活期存款等形式为主，但在互联网时代，新型银行理财产品呈现出更加多样化、智能化和高度定制化的特点。本书将深入探讨互联网时代的新型银行理财产品，包括其特点、运作机制、投资策略以及未来趋势。

（一）新型银行理财产品的特点

1. 多样化的产品形式

互联网时代的新型银行理财产品呈现出多样化的产品形式，不再局限于传统的定期存款和活期存款。包括但不限于：

（1）互联网理财基金

通过互联网平台购买的理财基金，广泛投资于股票、债券、货币市场等多元化资产，提供相对较高的收益潜力。

（2）互联网保险理财产品

结合了保险和理财的特点，既能享受一定的理财收益，又能获得一定的风险保障，具有较好的综合性。

（3）科技公司推出的智能理财产品

一些科技公司推出了基于人工智能和大数据分析的智能理财产品，通过算法为投资者提供个性化的投资组合，实现更精准的资产配置。

2. 高度定制化的投资策略

传统银行理财产品的投资策略相对较为保守，而互联网时代的新型银行理财产品更注重个性化和定制化。投资者可以根据自身的风险偏好、投资期限、收益预期等因素，选择更符合个人需求的理财产品，实现更精准的资产配置。

3.开放式平台和合作生态

许多互联网时代的银行理财产品采用开放式平台，与各类金融机构、科技公司展开合作，形成更为庞大的合作生态。这使得投资者能够更便捷地获取多样化的投资产品，并享受更优质的服务。

4.数字化和智能化服务

互联网时代的新型银行理财产品通过数字化和智能化技术，为投资者提供更便捷、高效的服务。包括在线购买、随时随地查询理财产品信息、智能投顾等，极大地提升了用户体验。

（二）互联网时代银行理财产品的运作机制

1.互联网理财基金的运作机制

（1）资产配置

互联网理财基金会根据基金的投资目标和策略，通过资产配置，将投资资金分散投向股票、债券、货币市场等不同资产类别，实现风险的分散。

（2）网上购买

投资者可以通过银行的网上平台或第三方支付平台在线购买理财基金，实现便捷快速的交易。

（3）灵活赎回

互联网理财基金通常具有较高的流动性，投资者可以在需要时随时赎回份额，实现资金的灵活运作。

2.互联网保险理财产品的运作机制

（1）结合保险和理财

互联网保险理财产品通常将保险和理财相结合，一方面提供一定的理财收益，另一方面提供风险保障，满足投资者对资本增值和风险保障的双重需求。

（2）个性化保障

投资者可以根据自身的保险需求选择不同类型的互联网保险理财产品，实现个性化的保障方案。这包括寿险、意外险、重疾险等多种选择。

（3）线上购买和理赔

互联网保险理财产品提供了在线购买和理赔服务，极大地提升了用户体验。投资者可以通过手机或电脑轻松完成购买和理赔流程，减少了烦琐的线下操作。

3.科技公司推出的智能理财产品的运作机制

（1）大数据分析

智能理财产品通常基于大数据分析和人工智能技术，通过深度学习算法分析投资者的投资偏好、风险承受能力等信息，为投资者提供个性化的投资组合建议。

（2）自动化投顾

智能理财产品可以实现自动化投顾，根据市场变化和投资者的风险偏好，动态调整投资组合。这种自动调整的特性使得投资更加及时和精准。

（3）线上交易

投资者可以通过科技公司提供的线上平台完成智能理财产品的购买和交易。这种线上交易方式不仅方便快捷，还提供了实时的市场信息和投资建议。

（三）投资者应注意的事项

1.了解产品特点和风险

在选择互联网时代的新型银行理财产品时，投资者首先需要充分了解产品的特点和风险。不同类型的产品具有不同的投资目标和风险水平，投资者应根据自身情况选择适合的产品。

2. 注意投资者保障措施

针对 P2P 网贷等高风险产品，投资者应注意平台是否有完善的风险管理和投资者保障措施。合规的平台通常设有风险准备金、风险备付金等机制，以降低投资风险。

3. 分散投资

在选择互联网理财产品时，投资者可以考虑分散投资，将资金分配到不同类型的产品中，降低整体投资组合的风险。这有助于应对市场的不确定性。

4. 确保信息安全

由于互联网时代的理财产品涉及在线购买、交易等操作，投资者需要确保自身的信息安全。选择正规、有信誉的平台，定期更新密码，使用安全支付方式，是保障信息安全的有效手段。

5. 定期审查投资组合

投资者在持有互联网理财产品期间，应定期审查自己的投资组合。根据市场状况、个人需求等因素，适时调整资产配置，以保持投资组合的合理性和适应性。

（四）未来趋势与展望

1. 区块链技术的应用

随着区块链技术的不断发展，未来互联网时代的银行理财产品可能会更多地运用区块链技术，实现交易的去中心化、透明化，提高投资安全性。

2. 人工智能的深度融合

未来的互联网理财产品可能会更加深度融合人工智能技术，通过更精准的大数据分析、智能化的投顾服务，为投资者提供更为个性化和定制化的投资建议。

3. 更广泛的金融科技创新

互联网时代的新型银行理财产品将会在金融科技创新的推动下不断涌

现。可能会有更多基于区块链、人工智能、大数据等技术的新型理财产品出现，以满足投资者不断增长的多元化需求。

4.更便捷的投资体验

未来互联网时代的银行理财产品将更注重提升投资者的使用体验。通过更智能、更简化的投资流程，以及更直观的信息展示，使投资者能够更轻松、愉悦地进行理财操作。

5.更丰富的合作生态

未来新型银行理财产品可能会进一步丰富其合作生态。银行、科技公司、保险机构等金融机构之间的合作将更加紧密，形成更庞大的金融服务生态圈，为投资者提供更全面的服务。

互联网时代的新型银行理财产品呈现出多样化、智能化和高度定制化的特点。投资者在选择这些产品时需要充分了解其特点和运作机制，注意个人投资目标和风险承受能力，采取分散投资、定期审查投资组合等策略，以更好地适应市场的变化。在投资过程中，保障信息安全、关注投资者保障措施也是至关重要的。

第三节　银行理财产品投资技巧

一、风险评估与收益预期

在金融投资领域，风险评估和收益预期是投资决策的两个关键因素。投资者在追求收益的同时，也需要谨慎评估潜在的风险，以确保投资组合的安全性和稳健性。本书将深入探讨风险评估和收益预期的重要性，以及如何在这两者之间取得平衡，制定更有效的投资策略。

（一）风险评估的重要性

1. 什么是风险

在投资领域，风险是指投资者面临的可能导致投资损失的不确定性因素。这些因素可能包括市场波动、经济衰退、行业变化、政治事件等多种影响投资的因素。投资者需要通过风险评估来理解和衡量这些潜在的风险。

2. 风险评估的方法

（1）基本面分析

基本面分析是通过研究公司的财务状况、行业地位、管理层质量等基本因素来评估投资风险。这种方法注重挖掘潜在的长期投资机会，通过全面了解公司的内外部环境来判断其未来的盈利潜力和风险。

（2）技术分析

技术分析则主要关注市场价格和成交量的走势，通过图表和统计指标等工具来预测未来的价格走势。这种方法更注重短期的市场波动，适用于追求短期交易机会的投资者。

（3）宏观经济分析

宏观经济分析考虑整体经济环境对投资的影响，包括通货膨胀率、利率水平、国际贸易等因素。投资者通过对宏观经济的分析来预测不同资产类别的表现，并调整投资组合以适应宏观环境的变化。

3. 风险评估的重要性

（1）保护投资本金

风险评估的首要目标是保护投资本金。投资者通过对潜在风险的评估，可以更好地选择符合自身风险承受能力的投资工具，降低本金的损失风险。

（2）避免大幅亏损

有效的风险评估有助于避免大幅亏损，尤其是在市场波动较大的情况下。

通过谨慎的风险管理，投资者可以及时调整仓位或采取避险措施，降低投资组合的波动性。

（3）提高投资决策的准确性

深入的风险评估可以提高投资决策的准确性。了解潜在的风险因素，投资者可以更全面地考虑市场情况，做出更明智的投资决策。

（二）收益预期的重要性

1.什么是收益预期

收益预期是投资者对于投资组合未来收益的预估。投资者根据不同资产类别的历史表现、市场预期、公司业绩等因素，对投资组合的未来收益进行估算。

2.收益预期的影响因素

（1）市场环境

市场环境是影响收益预期的重要因素之一。不同的市场阶段可能对不同资产产生不同的影响，投资者需要根据当前的市场环境来调整对未来收益的预期。

（2）公司业绩

对于股票投资者来说，公司的业绩是影响收益预期的关键因素。投资者需要关注公司的财务报表、盈利能力、市场份额等信息，以评估公司未来的盈利潜力。

（3）经济指标

宏观经济环境对投资组合的收益预期也有着重要影响。通货膨胀率、利率水平、国内生产总值（GDP）等经济指标反映了整体经济状况，投资者可以通过对这些指标的分析来预测未来的收益水平。

3.收益预期的重要性

（1）制定投资计划

收益预期是制定投资计划的基础。投资者需要根据预期的收益水平来确定投资的目标、期限和风险承受能力，以制定合理的投资计划。

（2）评估投资回报

通过收益预期，投资者可以更全面地评估不同投资工具的潜在回报。这有助于选择符合预期收益的投资组合，提高投资回报的可能性。

（3）优化资产配置

不同资产类别的预期收益存在差异，投资者可以根据对各资产类别的收益预期进行合理的资产配置。优化资产配置有助于在风险可控的前提下最大化投资组合的收益。

（4）提高投资决策的科学性

科学的收益预期有助于提高投资决策的科学性和可操作性。投资者可以基于理性的预期，避免盲目跟风和投机行为，使投资决策更为明智和稳健。

（三）风险与收益的平衡

1.风险与收益的关系

（1）正相关性

在一般情况下，风险与收益存在正相关性，即投资收益的增加往往伴随着风险的上升。高风险投资通常具有较高的收益潜力，但也伴随着较大的损失风险。

（2）风险溢价

投资理论中提到的风险溢价表明，投资者愿意承担更大的风险时，可以期望获得更高的收益。这种溢价反映了投资者在投资中对风险的补偿。

2. 如何平衡风险与收益

（1）分散投资

分散投资是降低风险的有效手段之一。通过将资金分配到不同的资产类别、行业和地区，投资者可以降低某一特定资产的风险对整体投资组合的影响。

（2）量化风险和回报

投资者可以运用定量分析的方法来量化投资组合的风险和回报。通过利用统计学和数学工具，投资者可以更精准地衡量投资组合的预期波动性和收益水平。

（3）定期审查和调整

投资者应定期审查投资组合，根据市场变化和个人目标进行调整。在市场上涨时，适当减少高风险投资；在市场下跌时，考虑增加低风险资产，以保持风险与收益的平衡。

（4）寻求专业建议

对于不确定如何平衡风险与收益的投资者，寻求专业的理财建议是一个明智的选择。理财顾问可以根据个人的财务状况、投资目标以及市场状况提供个性化的建议，帮助投资者更好地制定平衡的投资策略。

风险评估和收益预期是投资决策中至关重要的两个方面。投资者需要通过深入分析市场、公司、宏观经济等多方面因素来评估潜在的风险，以确保投资组合的安全性。同时，科学合理地预估收益有助于制订明确的投资计划、优化资产配置，并提高投资决策的准确性。在风险与收益之间取得平衡，需要投资者具备良好的风险管理意识和理性的投资决策能力。希望本书提供的观点和建议能够帮助投资者更好地进行投资决策，实现长期的财富增值。

二、如何分散投资风险

分散投资风险是投资管理中至关重要的一环。通过将资金分散投资于不同的资产类别、行业、地区等，投资者可以降低整体投资组合的风险，提高对市场波动的抵御能力。本书将深入探讨如何科学合理地分散投资风险，构建一个稳健的投资组合，以实现更为持久的财富增长。

（一）分散投资的基本概念

1. 什么是分散投资

分散投资是指将投资资金分配到多个不同的资产类别、行业、地区等多样化投资品种中，以降低整体投资组合的风险。这种策略基于投资组合理论，旨在通过多元化来平衡不同资产的波动性，提高整体收益稳定性。

2. 分散投资的原理

（1）不同资产类别的波动性不同

不同类型的资产在市场上的表现存在较大差异。例如，股票通常具有较高的风险和回报，而债券则相对较为稳定。通过同时持有多种资产，可以降低整体投资组合的波动性。

（2）降低特定风险

某些资产可能受到特定行业、地区或公司的影响较大，通过分散投资，投资者可以降低因单一资产表现不佳而导致的特定风险。

（3）提高整体投资组合的长期收益

分散投资有助于提高整体投资组合的长期收益。虽然一些资产可能在特定时期表现较差，但通过分散投资，整体投资组合可以更好地适应市场的变化，实现更稳健的增长。

（二）分散投资的具体策略

1. 资产类别的分散

（1）股票

股票通常是投资组合中最具风险的资产，但也是潜在收益最高的部分。投资者可以通过选择不同行业、市值和地区的股票，实现对股票资产的分散投资。

（2）债券

债券相对较为稳定，具有固定的利息收益。通过投资不同期限、信用等级和发行主体的债券，投资者可以降低债券资产的整体风险。

（3）现金及货币市场工具

保持一定比例的现金及货币市场工具可以提供流动性，同时在市场波动时充当防御性资产。投资者可以选择不同类型的货币市场工具，以实现对现金及货币市场工具的分散配置。

2. 行业和板块的分散

（1）考虑宏观经济因素

根据宏观经济状况，合理配置投资于不同行业的资金。不同行业在经济周期中的表现可能存在差异，通过分散投资于不同行业，可以降低宏观经济波动对投资组合的影响。

（2）选择多样化的板块

不同板块的公司可能受到不同的因素影响。例如，在科技、医疗、金融等板块进行分散投资，有助于降低特定板块风险。

3. 地区和国家的分散

（1）国际化投资

通过将资金投资于不同国家和地区的市场，投资者可以降低某一特定地区经济、政治或货币风险对整体投资组合的影响。国际化投资有助于提高投资组合的抗风险能力。

（2）区域多元化

在同一国家或大区域内，经济发展可能存在差异。因此，投资者可以考虑分散投资于不同的地理区域，以减轻特定地区的风险。这可以包括在国内的不同省市，或在其他国家和大洲之间实现区域多元化。

4. 不同资产管理风格的分散

（1）主动和被动管理

主动管理和被动管理是两种不同的资产管理风格。主动管理通过选股、择时等策略寻求超越市场表现，而被动管理则追踪特定指数。通过同时采用主动和被动管理的策略，投资者可以实现对管理风格的分散。

（2）大、中、小市值股票

不同市值的股票可能表现出不同的风险和回报特征。大市值股票通常更为稳定，而小市值股票可能带来更高的增长潜力和波动性。通过在投资组合中包含大、中、小市值股票，投资者可以实现对市值的分散。

5. 时间的分散

（1）定期定额投资

采用定期定额投资策略，即每月或每季度定期投资一定金额，有助于分散市场波动对投资组合的影响。这种策略称为分散投资时间风险，让投资者在市场不同阶段都能购买资产，平均投入成本，提高投资组合的平均收益。

（2）长期投资

长期投资是一种通过持有资产较长时间来分散市场波动的策略。长期投资者更关注资产的基本面，而不受短期市场波动的干扰。通过长期投资，投资者可以更好地应对市场的波动，实现更为稳健的投资收益。

（三）风险评估与分散投资

1. 制定明确的投资目标

在进行分散投资前，投资者首先需要制定明确的投资目标。不同的投资目标可能需要不同的分散投资策略。例如，追求稳健增长的投资者可能更注重风险控制，而追求高回报的投资者可能愿意承担更多的波动性。

2. 评估各资产的相关性

在分散投资时，了解各资产之间的相关性对于构建有效的投资组合至关重要。相关性较低的资产更有可能在某一时期表现出反相关，从而在市场波动时实现投资组合的平衡。

3. 动态调整投资组合

市场环境和投资者的风险偏好可能会发生变化，因此，投资者需要定期审查并动态调整投资组合。这可能涉及调整不同资产类别的权重，增加或减少某一板块的仓位等。

4. 利用专业工具和建议

投资者可以借助专业的投资工具和理财顾问的建议来优化分散投资策略。现代金融市场提供了许多工具，如投资组合分析软件、风险评估模型等，可以帮助投资者更科学地进行资产分散。

分散投资是构建稳健投资组合的关键步骤。通过合理分配资金到不同资产类别、行业、地区等，投资者可以降低整体投资组合的风险，提高长期收益的可持续性。

第四章 债券投资策略

第一节 债券概述

一、债券市场的基本特征

债券市场作为金融市场中的重要组成部分，扮演着资本配置、融资和投资风险管理的重要角色。债券作为一种固定收益工具，具有相对较低的风险，为投资者提供了一种稳健的资产选择。本书将深入探讨债券市场的基本特征，包括债券的定义、种类、发行机制、交易方式以及市场参与者等方面。

（一）债券的基本概念

1. 债券的定义

债券是一种具有固定期限和固定利息的借款工具，是发行者向投资者借款的一种方式。债券发行者可以是政府、金融机构或企业等，而债券的投资者则成为债权人，根据债券的面值和利率获得固定的利息收入，并在到期时收回本金。

2. 债券的主要特征

（1）固定利息

债券的核心特征之一是固定利息。债券发行时确定的利率将在整个债券期限内保持不变，投资者可以根据面值和利率计算出每年或每半年获得的利息收入。

（2）有限期限

债券具有有限的期限，即到期日。到期日是债券期限结束时，发行者按照面值偿还债券本金。在到期前，投资者可以选择出售债券以获得流动性或持有至到期。

（3）本金面值

债券的本金面值是发行时确定的债务金额，也是到期时发行者应还给投资者的金额。通常，债券的交易价格会受市场因素影响，因此投资者购买债券的实际成本可能与面值不同。

（二）债券的主要种类

1. 政府债券

政府债券是由政府发行的债务工具，用于筹集国家资金。政府债券的风险较低，因为政府具有征税和货币发行的权力，能够保障债券本息的支付。

2. 企业债券

企业债券是由公司发行的债务工具，用于筹集资金以支持其业务活动。企业债券的收益与企业的信用状况相关，通常会有信用评级机构对企业进行评级。

3. 金融债券

金融债券是由金融机构，如银行、保险公司发行的债务工具。这类债券的特点是通常具有较高的流动性，因为金融机构在资本市场有较强的融资能力。

4. 可转换债券

可转换债券具有在特定条件下可以转换为发行公司股票的权利。这种债券兼具债券和股票的特征，既提供了固定收益，又有可能享受股票价格上涨的盈利。

5. 地方政府债券

地方政府债券是由中国各级地方政府发行的债券，用于筹集地方建设和基础设施建设资金。这类债券通常具有较高的安全性。

（三）债券的发行机制

1. 发行方式

（1）招标发行

招标发行是指债券发行者通过竞标方式选择投资者，并以最低发行利率向中标投资者出售债券。这种方式的市场化程度较高，发行利率由市场供需关系决定。

（2）配售发行

配售发行是指债券发行者根据一定的配售比例向特定的投资者发行债券。这种方式更多用于机构投资者和特定目标投资者。

2. 交易方式

（1）一级市场交易是指债券的初次发行和交易，发行者通过银行、证券公司等机构直接向投资者发行债券。在一级市场，投资者可以以面值购买新发行的债券，或通过竞标等方式获取。

（2）二级市场交易

二级市场交易是指投资者在发行后通过证券交易所或交易平台进行债券的买卖。这种交易方式更加灵活，投资者可以根据市场行情随时进行交易，实现债券的流动性。

3. 发行人与投资者关系

（1）债券信用评级

债券的信用评级是评估债券发行人信用状况的重要指标。信用评级机构对债券进行评级，从高到低通常分为 AAA、AA、A、BBB 等级，投资者可根据评级决定投资风险。

（2）利率水平

债券的发行和交易受到利率水平的影响。一般而言，债券市场上的利率水平与市场利率、通货膨胀率、经济状况等因素相关。

（四）债券市场的市场参与者

1. 发行人

（1）政府

政府是债券市场的重要发行主体，通过发行政府债券筹集国家资金用于基础设施建设、财政支出等。

（2）企业

企业通过发行企业债券来融资，支持其业务发展。这包括大型企业和中小型企业，各有不同的融资需求。

（3）金融机构

银行、保险公司等金融机构通过发行金融债券融资，以提高资金运作的灵活性。

2. 投资者

（1）个人投资者

个人投资者通过购买债券实现资产配置、稳健投资，获得固定利息收益。

（2）机构投资者

包括基金、保险公司、养老基金等机构投资者，它们以规模庞大的资金参与债券市场，追求长期稳定的收益。

（3）中央银行

中央银行作为货币政策的执行者，通过购买和发行债券来调节货币供应量，影响利率水平和金融市场稳定。

3. 中介机构

（1）银行

银行在债券市场中充当承销商、市场制造商和交易商的角色，提供交易、结算等服务。

（2）证券公司

证券公司是债券市场的重要中介机构，提供承销、交易、研究等服务，促进市场的流动性。

（3）信用评级机构

信用评级机构负责对债券发行人进行信用评级，提供独立的信用风险评估，为投资者提供决策依据。

（五）债券市场的交易与流动性

1. 交易方式

（1）场内交易

在证券交易所或交易平台上进行的债券买卖被称为场内交易，是债券市场最常见的交易方式。

（2）场外交易

场外交易是指直接由买卖双方协商完成，未在交易所进行的交易方式。这类交易通常更具灵活性，但也可能面临流动性不足的问题。

2. 流动性

（1）流动性定义

流动性是指市场中资产可以迅速变现为现金的能力。在债券市场上，高流动性意味着投资者更容易买卖债券而不会对市场价格产生显著影响。

（2）影响流动性的因素

债券种类：不同种类的债券具有不同的流动性，一般而言，政府债券的流动性较高。

剩余期限：短期债券通常具有更高的流动性，因为投资者更容易预测近期的市场情况。

信用评级：高信用评级的债券通常具有更高的流动性，因为投资者更愿意交易较低风险的债券。

市场需求和供应：市场上的需求和供应关系也会直接影响债券的流动性。

（六）风险与收益

1. 风险

（1）利率风险

利率上升可能导致债券价格下跌，而利率下降则可能提高债券价格。这种风险被称为利率风险，是由于债券价格与市场利率呈反向关系。当市场利率上升时，新发行的债券通常提供更高的利率，使得旧债券的固定利率变得相对较低，导致其价格下跌。反之，当市场利率下降时，已发行的固定利率债券的价格上升，因为其利率相对更高。

（2）信用风险

信用风险是指债券发行者无法按时支付本金和利息的风险。发行者信用评级较低的债券通常具有较高的信用风险，因此投资者可能要求更高的利率以补偿这种风险。

（3）流动性风险

流动性风险是指投资者在需要卖出债券时，市场上没有足够的买家，或者在购买债券时，市场上没有足够的卖家。这可能导致投资者无法按计划买卖债券，从而影响其资产配置和流动性。

2. 收益

（1）利息收入

持有债券期间，投资者通过债券支付的固定利息获得利息收入。这是债券投资的主要收益来源之一。

（2）资本利得

资本利得是指投资者在债券交易中获得的本金增值。当投资者在次级市场购买的债券价格低于其面值时，可以在债券到期或卖出时获得资本利得。

（3）稳定性与防御性

债券作为固定收益工具，通常被视为相对稳定和防御性的投资。尤其是政府债券，由于其较低的风险，更受投资者青睐。在经济不景气或市场不稳定时，债券往往表现出相对的稳定性，提供一定的资本保护。

（七）债券市场的发展趋势

1. 技术创新

随着金融科技的发展，债券市场的交易和结算过程变得更加高效。电子交易平台的兴起使得投资者能够更便捷地参与市场，提高了市场的流动性。

2. 绿色债券和社会责任投资

随着社会对环保和社会责任的关注增加，绿色债券和社会责任投资成为债券市场的新兴方向。这类债券用于支持环保和社会可持续发展项目，受到越来越多投资者的青睐。

3. 债券市场国际化

债券市场国际化是债券市场的一个明显趋势。不同国家和地区之间债券市场的互联互通，使得投资者能够更灵活地配置跨境资产，提高了市场的国际化程度。

4. 新兴市场债券

新兴市场债券市场逐渐崛起，吸引着全球投资者的关注。一些新兴市场国家通过发行债券来融资，并通过提供较高利率吸引国际投资者。

5. 社交债券

社交债券是一种注重社会问题解决的债券，用于筹集资金支持社会服务项目。这类债券的兴起表明社会责任投资在债券市场的重要性日益凸显。

债券市场作为金融体系的重要组成部分，在资本市场中发挥着不可替代的作用。债券作为一种相对低风险的固定收益工具，为投资者提供了一种稳定的资产选择。本书详细探讨了债券的基本概念、主要种类、发行机制、市场参与者、交易与流动性、风险与收益以及市场发展趋势等方面的内容。投资者在参与债券市场时，需谨慎评估不同类型债券的风险和收益，根据自身投资目标和风险偏好进行合理配置。随着金融市场的不断发展和创新，债券市场将继续在全球资本市场中发挥重要作用，为投资者提供多元化、稳健的投资选择。

二、不同类型债券的风险与收益

债券作为一种重要的固定收益工具，吸引着广泛的投资者参与。不同类型的债券在其发行主体、利率结构、期限以及用途等方面存在差异，因而其风险和收益特征也不同。本书将深入探讨各类债券的风险与收益，包括政府债券、企业债券、可转换债券、高收益债券等。

（一）政府债券

1. 风险

（1）利率风险

政府债券的价格受市场利率的波动影响。当市场利率上升时，已发行的政府债券的市场价格可能下跌，导致投资者面临潜在的本金损失。

（2）通货膨胀风险

政府债券的固定利率相对于通货膨胀的变化可能导致实际收益水平的波动。如果通货膨胀率超过政府债券的固定利率，投资者可能会面临实际购买力下降的风险。

2. 收益

（1）低风险低收益

政府债券通常被视为低风险资产，因为政府有强大的偿还能力。然而，由于低风险，政府债券的利率相对较低，因此其收益水平相对有限。

（2）固定利息收益

政府债券提供的利息是固定的，投资者可以在债券期限内获得可靠的固定收益。这对于追求稳定收入的投资者具有吸引力。

（二）企业债券

1. 风险

（1）信用风险

企业债券的信用质量取决于发行公司的偿债能力。低信用评级或财务困境的公司发行的企业债券存在较高的信用风险，可能面临债务违约的风险。

（2）行业风险

企业债券的表现也受到所属行业的影响。在某些经济环境下，特定行业可能面临更大的挑战，这可能导致企业债券的价格波动。

2. 收益

（1）相对较高的利率

由于企业债券的信用风险相对政府债券而言更高，因此其利率通常更高。这为投资者提供了相对较高的收益水平，尤其是在投资高信用质量的企业债券时。

（2）浮动利率债券

一些企业债券采用浮动利率结构，其利率随市场利率变化而变化。这使得投资者能够在不同利率环境下获得更具竞争力的收益。

（三）可转换债券

1. 风险

（1）价格波动风险

可转换债券的价格受标的公司股票价格波动的影响。当公司股票表现弱势时，可转换债券的价格可能下跌。

（2）利率风险

可转换债券通常包含固定利率和可转换为股票的权利。因此，其价格受市场利率的影响，同时还受到公司股票表现的影响。

2. 收益

（1）利息收入

可转换债券提供固定的利息收入，这对于追求稳定收益的投资者具有吸引力。

（2）转股权益

可转换债券持有人在特定条件下可以将债券转换为发行公司的股票，从而享有潜在的股票价格上涨带来的资本收益。

（四）高收益债券（高收益债）

1. 风险

（1）信用风险

高收益债券通常由信用评级较低的发行人发行，因此其主要风险之一是信用风险。这类债券的发行人可能面临偿债能力不足的风险，导致债券违约或延期支付本息。

（2）利率敏感性

与其他债券一样，高收益债券的价格也受市场利率的波动影响。当市场利率上升时，高收益债券的价格可能下降，尤其是对于长期到期的高收益债券。

2. 收益

（1）高利率收益

高收益债券的名称来源于其相对较高的利率，通常高于投资级债券。这使得高收益债券成为寻求更高收益的投资者的选择。

（2）资本利得

除了高利率收益外，高收益债券的价格可能因市场对信用质量的改善而上升，为投资者带来潜在的资本利得。

（五）地方政府债券

1. 风险

（1）偿还能力风险

地方政府债券的偿还能力与具体地区的财政状况密切相关。一些地方可能面临还债能力不足、财政压力增加的风险，从而导致债务违约的可能性。

（2）政策风险

地方政府债券的发行和偿还可能受到国家宏观政策的影响。政策调整可能会影响地方政府的财政状况，从而影响债券的偿还。

2. 收益

（1）相对较高的利率

地方政府债券的利率通常相对较高，因为其信用质量一般较低。这为投资者提供了相对较高的利率收益。

（2）地方投资机会

地方政府债券通常用于支持地方基础设施建设和发展项目，投资者有机会通过购买这些债券来参与地方经济的增长。

（六）国际债券

1. 风险

（1）汇率风险

国际债券通常以外币计价，因此其价格受到汇率波动的影响。汇率变化可能导致投资者在本币计价下获得较低的实际收益。

（2）政治风险

国际债券发行的国家可能面临政治不稳定、法律体系不健全等风险，这可能影响债券的偿还能力。

2. 收益

（1）外币利率

国际债券通常以外币计价，并提供相对较高的外币利率。这为投资者提供了在本币之外获得较高收益的机会。

（2）跨境投资机会

国际债券市场为投资者提供了跨境配置资产的机会，增加了投资组合的多元化，并能够受益于全球经济的增长。

（七）社会责任债券

1. 风险

（1）项目履行风险

社会责任债券的收益可能受到项目履行的风险影响。如果债券用于支持的项目未能按计划执行，可能影响债券的偿还。

（2）社会认可风险

社会责任债券的发行受到社会认可的影响。一些社会责任项目的失败可能导致对债券发行人声誉的损害，从而影响债券的市场表现。

2. 收益

（1）社会责任回报

社会责任债券旨在支持环保、社会和治理（ESG）方面的项目，投资者可以通过购买这类债券实现社会责任回报，实现环境和社会目标。

（2）增强品牌价值

发行社会责任债券的企业可能因其可持续发展的努力而提高品牌价值，从而吸引更多的投资者和消费者。

不同类型的债券在风险和收益方面存在显著差异。政府债券通常被认为是较低风险低收益的选择，适合追求稳健收益的投资者。企业债券由于其较高的信用风险，提供相对较高的利率，适合对收益有更高要求的投资者。可转换债券通过结合固定利息与转股权益，提供了一种平衡风险和收益的选择。高收益债券由于其较高的利率，适合追求更高收益的投资者，但伴随着较高的信用风险。地方政府债券提供相对较高的利率，同时投资者有机会参与地方基础设施建设。国际债券通过外币计价和跨境配置提供了全球投资机会，但也带来了汇率和政治风险。

社会责任债券以支持环保、社会和治理项目为目标，投资者在实现财务回报的同时也可追求社会责任回报，增强品牌价值。

在选择投资债券时，投资者需要根据自身风险承受能力、投资目标和时间等因素综合考虑。构建多元化的债券组合，根据市场环境调整配置，有助于实现风险分散和收益优化的目标。同时，定期审查和更新投资组合，以适应市场变化和个人情况的变化，是投资者在债券市场取得长期投资成功的关键。

最后，投资者在进行债券投资时建议充分了解相关的市场信息，可能寻求专业建议，以更好地理解和应对潜在的风险。在投资决策中，综合考虑风险和收益，制定明确的投资策略，有助于实现长期的财务目标。

第二节　债券的分类

一、政府债券、企业债券与可转换债券

在金融市场中，政府债券、企业债券和可转换债券是投资者常见的固定收益工具。它们分别由政府、企业和发行公司发行，具有不同的特点、风险和收益。本书将深入探讨这三种主要类型的债券，分析它们的特点以及投资者在构建投资组合时应考虑的因素。

（一）政府债券

1. 特点

（1）发行主体

政府债券是由政府或政府机构发行的债务工具。政府债券的发行主体可以是中央政府、地方政府或政府拥有的机构。

（2）低风险

政府债券通常被视为极低风险的投资工具，因为政府有很强的偿债能力。政府往往有权征税和印制货币，因此在一般情况下，政府债券的偿付风险较低。

（3）固定利率

大多数政府债券采用固定利率结构，即投资者在债券持有期间获得的利息是固定的，这为投资者提供了可预测的现金流。

2. 风险与收益

（1）低风险低收益

政府债券的主要优势是低风险，但相对而言，其收益相对较低。投资者购买政府债券主要是为了资本保值和获取相对稳定的收益。

（2）利率敏感性

政府债券的价格受市场利率波动的影响。当市场利率上升时，已发行的政府债券的市场价格可能下跌，从而影响其资本价值。

（二）企业债券

1. 特点

（1）发行主体

企业债券是由公司或其他企业实体发行的债务工具。企业债券的发行主体可以是大型跨国公司、中小型企业或特定行业的公司。

（2）信用风险

企业债券的风险较政府债券高，其主要风险是信用风险。投资者需要评估发行公司的信用质量，以确定其偿债能力和还本付息的可靠性。

（3）多样化的利率结构

企业债券可以采用不同的利率结构，包括固定利率、浮动利率或混合利率。这使得企业债券市场更加多样化，满足不同投资者的需求。

2. 风险与收益

（1）相对较高的利率

由于企业债券的信用风险相对政府债券而言更高，其利率通常较高。这为投资者提供了相对较高的利率收益，尤其是对于高信用质量的企业债券。

（2）信用事件风险

企业债券投资者需要关注可能导致信用质量下降的事件，如公司财务困境、行业不景气等。这些事件可能影响债券的价格和投资者的收益。

（三）可转换债券

1. 特点

（1）转股权益

可转换债券具有独特的权利，即持有人可以选择将债券转换为发行公司的股票。这为投资者提供了获得股票价格上涨潜在收益的机会。

（2）利率与股票投资的平衡

可转换债券通常具有固定利率，这为投资者提供了稳定的利息收入。与此同时，转股权益为投资者提供了参与公司股票表现的机会。

2. 风险与收益

（1）价格波动风险

可转换债券的价格受到标的公司股票价格波动的影响。当公司股票表现弱势时，可转换债券的价格可能下跌，从而影响投资者的资本价值。

（2）低固定利率收益

相对于普通债券，可转换债券的固定利率通常较低，因为投资者持有转股权益。这可能使得可转换债券在利息收入方面相对较低。

（四）比较与投资建议

1. 风险与收益比较

政府债券在风险方面较低，适合追求相对稳定、低风险投资的投资者。它提供了可靠的本金保障和固定的利息收入，适用于对资本保值和可预测收益有较高要求的投资者。然而，其收益相对较低，可能无法满足寻求更高回报的投资者。

企业债券在风险与收益之间提供了一种平衡。由于其较高的信用风险，企业债券通常提供相对较高的利率，适合寻求较高收益但愿意接受一定风险的投资者。投资者需关注发行公司的信用状况，以及行业和经济环境的变化，及时调整投资组合。

可转换债券则结合了固定利率债券和股票的特点，提供了一种在风险与收益之间平衡的选择。其转股权益为投资者提供了潜在的股票价格上涨的机会，同时固定利率收益提供了相对稳定的现金流。这种债券适合愿意在投资组合中引入一定股票市场参与度，但仍希望保留一定稳定性的投资者。

2. 投资建议

（1）保守型投资者

对于追求资本保值和相对低风险的保守型投资者，政府债券是一个理想的选择。政府债券提供了低风险、固定利率的特点，确保本金相对安全，适合长期资产保值。

（2）平衡型投资者

对于寻求风险与收益平衡的投资者，企业债券可能是一个合适的选择。它相对于政府债券来说有一定的信用风险，但提供了相对较高的利率，为投资者提供了一定的收益。投资者需要仔细评估企业的信用质量，选择高信用质量的企业债券以降低风险。

（3）进取型投资者

对于愿意接受一定风险，并寻求更高回报的进取型投资者，可转换债券可能是一种创新的选择。其具有股票市场参与度，同时保留了固定利率收益，适合投资者在投资组合中引入一定股票市场元素。

3. 组合配置

构建一个均衡的投资组合是投资成功的关键。根据投资者的风险偏好和投资目标，可以考虑在投资组合中组合使用政府债券、企业债券和可转换债券。例如，一个保守型投资组合可以以政府债券为主，辅以一些企业债券来提升收益。而一个更为进取的投资组合可以适度配置一些可转换债券，以增加股票市场的参与度。

政府债券、企业债券和可转换债券各具特色，适合不同风险偏好和投资目标的投资者。政府债券提供了极低的风险和相对较低的收益，适合追求资本保值的保守型投资者。企业债券通过提供相对较高的利率，为寻求风险与收益平衡的投资者提供了选择。可转换债券则在风险与收益之间提供了一种创新的平衡方式，适合愿意引入一定股票市场参与度的投资者。

在实际投资过程中，投资者应充分了解不同类型债券的特点、风险和收益，根据自身的投资目标和风险偏好，构建合理多元化的投资组合。同时，定期审视投资组合，根据市场环境的变化进行调整，有助于实现更稳健和长期的投资回报。

二、长短期债券与信用评级

在债券市场中，投资者常常面临选择长期债券和短期债券的抉择，并需要考虑不同债券的信用评级。本书将深入探讨长短期债券的特点、风险与收益，并结合信用评级的角度，帮助投资者更好地理解这两种类型的债券，从而更有效地构建投资组合。

（一）长期债券

1. 特点

（1）发行期限

长期债券通常具有较长的发行期限，一般在 10 年以上。有时，它们还可以是 30 年或更长时间。

（2）利率结构

长期债券的利率结构通常是固定的，投资者在购买债券时会获得一个确定的固定利率，直至债券到期。

（3）价格波动性

由于较长的期限，长期债券的价格波动性相对较高。市场利率的变动会对长期债券的价格产生较大的影响，从而引起投资者的资本损失或资本收益。

2. 风险与收益

（1）利率风险

长期债券面临的主要风险之一是利率风险。如果市场利率上升，已发行的长期债券在二级市场上的价格可能下降，从而导致投资者在卖出时可能面临资本损失。

（2）通货膨胀风险

长期债券还可能受到通货膨胀风险的影响。由于其较长的期限，债券的实际购买力可能受通货膨胀侵蚀，使投资者面临潜在的购买力下降。

（3）固定利率收益

长期债券提供的利息是固定的，这对于追求稳定收入的投资者具有吸引力。固定利率收益使得投资者可以在债券持有期间获得可靠的现金流。

（二）短期债券

1. 特点

（1）发行期限

短期债券的发行期限相对较短，一般在一年以内。其中，最常见的是国库券、商业票据和短期公司债券。

（2）浮动利率结构

短期债券通常采用浮动利率结构。其利率根据市场利率的变化而变化，使得投资者能够更迅速地适应市场利率的波动。

（3）价格相对稳定

由于较短的期限，短期债券的价格相对较稳定。即使市场利率波动，由于债券到期时间较短，投资者的资本损失也相对较小。

2. 风险与收益

（1）利率风险较小

短期债券由于期限较短，其利率风险相对较小。即使市场利率发生变化，对短期债券价格的影响也相对有限。

（2）重新投资风险

短期债券存在重新投资风险，即在债券到期时，如果市场利率较低，投资者重新投资的利率可能会较低，从而影响到未来的收益。这是短期债券投资者需要注意的一个风险因素。

（3）浮动利率收益

短期债券的浮动利率结构使得其收益能够更灵活地响应市场利率的变化。这对于投资者来说，既是一种机会也是一种挑战，因为在市场利率上升时，投资者可以更快地获得更高的利息收益，但在下降时则可能受到一定的影响。

（三）信用评级

1. 信用评级的定义

信用评级是由专业的信用评级机构对债券发行人或债券本身的信用质量进行评估和打分的过程。评级通常以字母或字母与符号的组合形式表示，例如 AAA、Aa1、BBB 等，不同的机构可能有不同的评级体系，但一般来说，高评级代表较高的信用质量。

2. 长短期债券的信用评级

（1）长期债券的信用评级

长期债券的信用评级通常更受市场关注，因为其较长的期限使得投资者更关心发行人未来偿还债务的能力。高信用评级的长期债券通常被认为是较低风险的投资，但也意味着其利率相对较低。

（2）短期债券的信用评级

短期债券同样也会接受信用评级，但其评级可能更受到发行人的短期偿还能力的影响。由于短期债券的期限较短，因此评级机构更注重其短期流动性和还款能力。即使一个发行人在长期债券上有较高的信用评级，但在短期债券上的评级可能会有所不同。

3. 风险与收益的权衡

（1）高信用评级的优势

拥有高信用评级的债券通常被认为是较低风险的投资，因为评级较高表示发行人的偿还能力较强。这使得投资者更有信心购买这些债券，尤其是对于追求资本保值和稳定收益的投资者。

（2）低信用评级的机会

然而，一些投资者可能会寻求具有较低信用评级的债券，因为这些债券通常提供相对较高的利率。虽然带有较低信用评级的债券风险较高，但对于追求更高回报的投资者来说，这可能是一种可接受的权衡。

（四）长短期债券投资策略

1.保守型投资策略

（1）长期债券

保守型投资者可以考虑配置一定比例的长期债券，以获取相对稳定的固定利率收益。高信用评级的长期债券有助于保护资本，并提供可预测的现金流。

（2）短期债券

为了降低利率风险，保守型投资者也可以配置一部分短期债券。短期债券的价格相对稳定，同时具备浮动利率特性，使得投资者能够更灵活地应对市场利率变动。

2.平衡型投资策略

（1）长短期债券组合

平衡型投资者可以考虑构建长短期债券组合，以在风险和收益之间寻找平衡。一部分投资可以配置在长期债券上，以获取固定利率和相对较低的利率风险，另一部分投资可以配置在短期债券上，以提高流动性和应对市场短期波动。

（2）考虑信用评级

在选择长短期债券时，平衡型投资者还可以结合信用评级考虑。选择高信用评级的债券有助于保持相对较低的投资风险。此外，平衡型投资者还可以在一定范围内接受一些低信用评级债券，以获取更高的利率，但需要注意控制投资组合中低信用债券的比例，以平衡风险。

3. 进取型投资策略

（1）高收益债券

进取型投资者可能更倾向于寻求高收益，因此可以考虑配置一定比例的高收益债券，这类债券通常具有较低的信用评级。高收益债券的利率相对较高，但伴随着较高的信用风险，需要投资者有更高的风险承受能力。

（2）动态调整

进取型投资者通常更愿意接受市场波动，因此可以采取更灵活的策略。根据市场利率变动、宏观经济环境和信用状况的变化，动态调整债券组合，以追求更高的投资回报。

（五）结合实际情况的投资决策

1. 宏观经济环境

投资者在制定长短期债券投资策略时需要综合考虑宏观经济环境。在通货膨胀预期较高、经济增长强劲的时期，短期债券可能更受青睐，因为它们更能适应市场利率的变化。而在经济不确定性较大、通货膨胀预期较低的时期，长期债券可能成为保值的选择。

2. 利率走势

市场利率的走势对长短期债券的影响显著。如果投资者预计市场利率将上升，可能更倾向于短期债券，以便更快地调整投资组合。相反，如果预计市场利率将下降，可能更倾向于长期债券，以锁定较高的固定利率。

3. 个人风险承受能力

投资者的个人风险承受能力是制定投资决策的重要因素。保守型投资者更倾向于选择较为稳健的长短期债券组合，而进取型投资者可能更愿意在投资组合中引入一些高风险高回报的元素。

长短期债券在投资组合中都有其独特的地位,投资者可以根据自身的风险偏好、投资目标和市场预期来选择适当的债券组合。长期债券通常提供相对较低的利率,但较为稳定,适合保守型投资者。短期债券具有更高的流动性和更快的市场敏感性,适合需要更灵活应对市场变化的投资者。

信用评级作为评估债券风险的重要工具,帮助投资者更全面地了解债券发行人的信用质量。在构建投资组合时,考虑到信用评级对于投资者的风险承受能力和投资目标的影响,有助于制定更为合理的投资策略。

最终,投资决策需要考虑众多因素,包括市场环境、经济前景、利率走势等,投资者应根据实际情况进行灵活调整,以最大限度地实现其长期财务目标。

第三节　债券投资技巧

一、债券选择与组合构建

在投资领域,债券作为一种相对稳健的投资工具,为投资者提供了多样化的选择。债券市场涵盖了各种类型的债券,包括政府债、企业债、可转换债等,不同类型的债券在风险、收益和期限方面存在差异。本书将深入探讨如何进行债券选择以及构建多元化的债券投资组合,以优化投资策略。

(一)债券选择的关键因素

1.政府债券

(1)特点

政府债券通常由国家政府发行,具有较高的信用质量和较低的风险。其利率一般较为稳定,适合追求相对安全收益的投资者。

（2）适用投资者

政府债券适合保守型投资者，他们追求相对低风险的投资，希望保值并获得相对稳定的固定收益。

2. 企业债券

（1）特点

企业债券是由公司发行的债券，其收益和风险通常高于政府债券。企业债券的利率一般较高，但投资者需要关注发行公司的信用状况。

（2）适用投资者

适合追求较高收益，同时能够承担一定信用风险的投资者。企业债券的选择需要仔细研究公司的财务状况、行业前景以及市场环境。

3. 可转换债券

（1）特点

可转换债券具有债券和股票的双重特性，投资者在债券到期前有权将其转换为发行公司的股票。这使得可转换债券具备股票市场参与的机会。

（2）适用投资者

适合寻求一定股票市场参与度的投资者，同时希望保留固定收益特性的投资者。可转换债券在市场表现较好时，可以获得股票升值的机会，而在市场表现较差时，仍然享有固定利率收益。

（二）构建多元化的债券投资组合

1. 多样化的投资目标

（1）收入最大化

构建收入最大化的投资组合时，投资者可能更倾向于选择高收益的企业债券或高收益债券基金。这有助于提高整体投资组合的收益水平。

（2）风险分散

为了实现风险分散，投资者可以将投资分配到不同类型的债券中，包括政府债、企业债、可转换债券等。不同类型债券之间的相关性较低，有助于降低整体投资组合的风险。

2. 考虑期限结构

（1）短期债券

短期债券通常具有较低的利率风险和价格波动性，适合追求流动性和短期投资的投资者。政府短期债券和商业票据是常见的选择。

（2）长期债券

长期债券可能提供较高的固定利率收益，适合长期投资和保值。在构建债券投资组合时，投资者可以考虑配置一定比例的长期债券。

3. 灵活调整

投资者应保持对市场环境的敏感性，根据宏观经济数据、利率走势和市场预期，灵活调整债券投资组合。及时进行调整可以帮助投资者更好地把握市场机会和风险。

（三）风险管理与评估

1. 信用评级的重要性

在构建债券投资组合时，投资者需要关注债券的信用评级。高信用评级通常表示较低的违约风险，但也可能伴随较低的利率。投资者应根据自身风险偏好和投资目标，权衡高信用和高收益之间的关系。

2. 利率风险管理

利率风险是债券投资面临的主要风险之一。投资者可以采用多元化期限结构的方式，同时使用利率套期保值工具，如期货合约，来管理利率风险。

3. 市场环境分析

投资者需要密切关注市场环境的变化，包括宏观经济数据、通货膨胀预期、政治事件等因素。这有助于投资者更准确地评估整体市场风险，以便及时调整投资组合。

4.评估流动性

流动性是债券投资中一个重要的考虑因素。投资者需要在构建投资组合时确保具有足够的流动性，以便在需要时能够快速卖出或购入债券。短期债券通常具有较高的流动性，而长期债券可能相对较低。

（四）实例分析

1.保守型投资组合

对于保守型投资者，倾向于选择信用质量较高的政府债券和投资级企业债券。构建一个以保值为主要目标的投资组合，其中短期政府债券提供流动性，而长期政府债券和投资级企业债券提供相对稳定的收益。

2.平衡型投资组合

平衡型投资者可能选择在投资组合中引入一些高收益债券或可转换债券，以追求一定的增长机会。在保持一定比例的政府债券和投资级企业债券的基础上，加入一些风险较高但收益较高的债券类别。

3.进取型投资组合

对于进取型投资者，可能更愿意在投资组合中增加高收益债券、可转换债券和其他一些高风险高回报的债券。这样的投资组合具有更大的波动性，但也提供了更高的潜在收益。

在选择和构建债券投资组合时，投资者需要全面考虑多个因素，包括不同类型的债券、期限结构、信用评级、市场环境和风险管理策略。多元化是优化投资组合的关键，有助于降低整体投资组合的风险并提高长期收益的潜力。

同时，投资者应时刻关注市场动态，灵活调整投资组合以适应不断变化的市场环境。通过合理配置不同类型的债券，投资者可以实现风险分散、收入最大化和长期增值的目标。

最终，构建债券投资组合是一个动态过程，需要不断地监测和调整。投资者可以根据个人的风险偏好、投资目标和市场预期，制定适合自己的投资策略，以实现长期财务目标。

二、利率环境对债券投资的影响

债券市场是受到利率波动影响最为显著的投资领域之一。利率的变动直接影响债券的价格和收益率，进而塑造着投资者的回报和风险。本书将深入探讨不同利率环境对债券投资的影响，包括低利率环境、升息周期和利率稳定期，以帮助投资者更好地理解并应对不同市场条件下的挑战与机遇。

（一）低利率环境下的债券投资

1. 特征

（1）债券价格上涨

在低利率环境中，债券价格通常上涨。由于债券的利率与市场利率负相关，市场上现有的债券提供的固定利率在新债券发行时相对较高，因此现有债券价格上升。

（2）低收益率

尽管债券价格上涨，但投资者购买现有债券时将面临较低的实际收益率。这对于那些依赖债券投资获取相对稳定收益的投资者来说，可能构成挑战。

2. 投资策略

（1）寻找高收益债券

在低利率环境下，投资者可能会寻找高收益债券，即那些提供相对较高利率的债券。这可能包括一些高收益公司债券或其他风险较高但提供更高收益的债券。

（2）利用债券组合

构建多元化的债券投资组合，包括不同类型、期限和发行主体的债券，有助于分散风险。同时，投资者可能需要更加灵活地调整其投资组合以适应市场的变化。

（二）升息周期中的债券投资

1. 特征

（1）债券价格下跌

在升息周期中，中央银行通常会提高基准利率以应对通胀压力。这导致市场上的现有债券价格下跌，因为它们的固定利率相对于市场利率而言较低。

（2）高收益债券的风险

高收益债券可能受到更大的影响，因为其信用风险与利率上升一同上升，导致这类债券的价格更为敏感。

2. 投资策略

（1）选择短期债券

在升息周期中，投资者可能更倾向于选择短期债券，因为其价格波动较小。这有助于降低投资组合的敞口，减缓对利率上升的敏感性。

（2）适时调整投资组合

及时调整债券投资组合以适应升息周期的变化是关键。投资者需要谨慎评估市场情况，不断监测经济数据和中央银行政策的变化，并相应地调整投资组合的结构。

（三）利率稳定期的债券投资

1. 特征

（1）相对稳定的债券价格

在利率相对稳定的时期，债券价格相对较为稳定。投资者通常能够更准确地预测债券的未来现金流，因此市场上现有债券的价格较为稳定。

（2）较为可预测的收益

由于债券价格相对稳定，投资者可以更为可预测地获得固定利率的收益。

这使得在利率稳定期内，债券投资对于那些更关注收入稳定性的投资者而言，可能是一个较为吸引人的选择。

2. 投资策略

（1）选择适度期限的债券

在利率稳定期，投资者可能更愿意选择适度期限的债券，以平衡收益和价格稳定性。中长期债券通常具有相对较高的利率，同时在相对较为稳定的利率环境中，价格波动相对较小。

（2）关注利率走势

尽管处于相对稳定的期间，投资者仍应密切关注利率走势。一旦市场出现变化，投资者需要及时调整其投资组合以适应新的市场环境。定期审视宏观经济数据和中央银行政策动向，有助于更好地预测未来的利率动向。

（四）结合实际情况的投资决策

1. 宏观经济数据的重要性

在任何利率环境下，宏观经济数据都是决策的重要依据。投资者应关注通货膨胀率、经济增长率、就业数据等指标，这些因素对中央银行的货币政策和利率决策有直接影响。

2. 政策变化的影响

中央银行的政策变化对于利率环境具有关键影响。投资者需要关注利率决策、货币供应政策和其他宏观调控措施，以及政府财政政策的变化。这些因素对债券市场的走势产生直接而深远的影响。

3. 考虑投资组合的整体特征

投资者在考虑债券投资时，应该将其纳入整体投资组合的考虑。债券投资的特性与其他资产类别的关联性，以及对整体投资组合的风险和收益的影响，都是需要综合考虑的因素。

4. 灵活调整策略

在不同的利率环境下，投资者需要灵活调整其投资策略。对于长期投资者而言，适应市场的变化，不断优化投资组合结构，是取得长期投资成功的关键。

利率环境对债券投资产生深远的影响，而投资者需根据市场环境的变化调整其投资策略。在低利率环境中，投资者可能需要寻找高收益债券或多元化投资组合以提高回报。在升息周期中，选择短期债券和及时调整投资组合结构是保值的关键。而在相对稳定的利率期间，投资者可选择适度期限的债券，同时关注宏观经济数据和政策变化。

最终，债券投资需要综合考虑多个因素，包括市场环境、宏观经济状况和个人投资目标。通过谨慎的研究和灵活的投资策略，投资者可以更好地适应不同的利率环境，最大化投资组合的长期回报。

第五章　基金投资策略

第一节　基金概述

一、开放式与封闭式基金的特点

基金作为一种集合性投资工具，为投资者提供了多样化的资产配置选择。其中，开放式基金和封闭式基金是两种常见的基金类型。它们在基金份额交易、投资组合管理和流动性等方面存在显著差异。本书将深入探讨开放式基金和封闭式基金的特点，帮助投资者更好地理解并选择适合自己需求的基金类型。

（一）开放式基金的特点

1.基本定义

开放式基金是指基金公司根据投资者的申购和赎回需求，不断发行和回购基金份额的一种基金形式。投资者可以随时购买或赎回基金份额，而基金的规模和份额数量可以根据市场需求变动。

2.份额交易

（1）随时申购和赎回

开放式基金的最大特点之一是投资者可以随时通过基金公司购买或赎回基金份额。这种随时交易的特性使得投资者能够更加灵活地调整自己的投资组合，根据市场状况和个人需求进行买卖。

（2）基金净值定价

开放式基金的份额价格由基金净值决定。每个交易日结束时，基金公司会计算基金的净值，然后将其除以总发行份额数，得到每份基金的净值，作为当日的基金份额价格。

3. 投资组合管理

（1）灵活的资产配置

开放式基金通常具有相对灵活的投资组合管理策略。基金经理可以根据市场变化和投资目标灵活地调整基金的资产配置，以寻求更好的投资回报。

（2）持续运作

由于随时可以进行申购和赎回，开放式基金通常以持续运作的方式进行。这也为投资者提供了更多的选择和便利。

（二）封闭式基金的特点

1. 基本定义

封闭式基金是指在募集期内向投资者发售一定数量的基金份额，发售截止后，基金份额在二级市场自由买卖，基金公司不再继续发售新的基金份额。投资者需要通过二级市场进行交易，而非像开放式基金那样直接向基金公司购买或赎回份额。

2. 份额交易

（1）二级市场交易

封闭式基金的份额交易主要通过证券交易所进行，投资者在二级市场买卖基金份额。这与开放式基金的直接交易模式存在明显的不同。

（2）市场价格决定

封闭式基金的市场价格由投资者在二级市场上的买卖行为决定，而不是由基金净值直接决定。因此，封闭式基金的市场价格可能与其净值存在溢价或折价的情况。

3. 投资组合管理

（1）固定资产配置

封闭式基金的资产配置相对固定，因为基金公司在发售期内确定了基金的总规模和份额数量。投资者在二级市场上交易时，需要根据市场价格购买或出售基金份额。

（2）募资期

封闭式基金通常设有募资期，在这个期间基金公司向投资者发售基金份额。募资期结束后，基金公司停止发售新份额，但投资者仍可通过二级市场进行交易。

（三）开放式基金与封闭式基金的比较

1. 流动性

（1）开放式基金

开放式基金具有更高的流动性，投资者可以随时根据自己的需求购买或赎回基金份额。这使得投资者能够更灵活地应对市场变化。

（2）封闭式基金

封闭式基金在募资期结束后，投资者的流动性相对较低，因为需要通过证券交易所进行交易。投资者不能直接向基金公司申购或赎回份额，需要依赖二级市场。

2. 价格确定机制

（1）开放式基金

开放式基金的价格由基金公司计算基金净值，并根据净值确定每份基金的价格。这种定价机制使得基金价格相对更加透明，与基金的实际价值更为接近。

（2）封闭式基金

封闭式基金的价格由投资者在二级市场上的买卖行为决定，可能存在溢价或折价的情况。基金的市场价格与其净值之间存在差异，这取决于市场对该基金的需求和供给情况。

3. 基金规模和份额数量

（1）开放式基金

开放式基金的规模和份额数量没有固定上限，基金公司可以根据市场需求灵活地发行和回购基金份额。

（2）封闭式基金

封闭式基金在募资期内确定了基金的规模和份额数量，募资期结束后不再发售新份额。基金的规模相对较为固定。

4. 交易方式

（1）开放式基金

开放式基金的交易相对简便，投资者可以直接通过基金公司进行申购或赎回，交易流程较为直接。

（2）封闭式基金

封闭式基金的交易主要通过证券交易所进行，投资者需要在二级市场上进行买卖。这可能会增加一些交易成本和复杂性。

（四）选择与投资建议

1. 适用投资者类型

（1）适用于开放式基金的投资者

需要灵活调整投资组合的投资者。

注重流动性，希望随时能够买卖基金份额的投资者。

对基金价格透明度有较高要求的投资者。

（2）适用于封闭式基金的投资者

不追求短期流动性，能够接受通过二级市场进行交易的投资者。

希望通过市场价格的波动获取溢价或折价收益的投资者。

对于基金规模相对固定和份额数量有限的情况能够接受的投资者。

2. 风险与回报

（1）开放式基金

由于随时可买卖，基金的价格相对更加接近净值，市场价格的波动相对较小。

由于流动性较高，投资者可以更灵活地进行资产配置和风险管理。

（2）封闭式基金

二级市场上的交易可能导致市场价格与净值存在溢价或折价，投资者可能面临一定的市场风险。

基金的市场价格受市场需求和供给的影响，波动较大，可能带来机会和挑战。

3. 投资建议

（1）开放式基金

适合追求流动性、注重价格透明度的投资者。

适用于需要随时调整投资组合的投资者，特别是长期投资者。

（2）封闭式基金

适合能够接受相对较低流动性和市场价格波动的投资者。

对于追求通过市场价格波动获取溢价或折价收益的投资者，尤其是擅长二级市场操作的投资者。

开放式基金和封闭式基金各有其独特的特点，适用于不同类型的投资者和投资目标。投资者在选择基金时，应根据自己的风险偏好、流动性需求和市场观察，谨慎评估不同基金类型的优劣势。

开放式基金的灵活性和流动性使其成为长期投资者和需要频繁交易的投资者的首选。投资者可以随时购买或赎回基金份额，而基金的价格与净值关系较为透明。这种透明度有助于投资者更好地理解基金的实际价值，并能够更灵活地应对市场变化。然而，开放式基金的流动性也可能导致大量的赎回请求，对基金经理构建和管理投资组合提出一定挑战。

封闭式基金则更适合那些能够接受较低流动性和愿意在二级市场中进行交易的投资者。封闭式基金的交易更依赖于市场供需关系，其市场价格可能出现溢价或折价。这种市场价格波动为投资者提供了获取额外回报的机会，但也增加了投资的不确定性。封闭式基金的基金规模相对固定，因此其投资组合相对稳定，不会因为赎回而受到过大的干扰。

综合而言，投资者在选择开放式或封闭式基金时，应该根据自身的投资目标、风险承受能力和投资策略来做出决策。在构建投资组合时，也可以考虑将两者结合使用，以达到更好的资产配置效果。同时，投资者需要密切关注市场动态，及时调整自己的投资组合，以适应不断变化的市场环境。无论选择哪种基金，都需要谨慎研究基金的投资策略、经理团队以及历史业绩等因素，以做出明智的投资决策。

二、基金的运作机制与管理团队

基金作为一种集合性投资工具，通过汇聚众多投资者的资金，由专业的基金管理团队进行资产配置，为投资者提供多样化、分散化的投资机会。本书将深入探讨基金的运作机制，包括基金的类型、发行与赎回、投资组合管理等方面，并重点关注基金管理团队的角色和作用，以帮助投资者更全面地理解基金的运作方式。

（一）基金的基本概念

1.定义

基金是一种通过集合投资者的资金，由专业基金管理公司进行管理和投资的一种投资工具。基金以股份形式存在，每个投资者持有基金股份，享有基金投资收益或承担亏损。

2. 基金的分类

（1）按照投资目标分类

股票基金：主要投资于股票市场，以追求资本增值为目标。

债券基金：主要投资于债券市场，以追求固定收益为目标。

混合基金：同时投资于股票和债券市场，以平衡风险和回报。

（2）按照开放程度分类

开放式基金：投资者可以随时申购或赎回基金份额。

封闭式基金：在募集期间确定规模和份额数量，发行结束后不再继续发售新份额，投资者须通过二级市场进行交易。

（3）按照投资领域分类

行业基金：主要投资于某个特定行业，如科技、医疗等。

地域基金：主要投资于某个特定地区或国家。

（二）基金的运作机制

1. 基金的发行与赎回

（1）发行基金份额

基金公司通过发行基金份额吸收投资者的资金。投资者购买基金份额即成为基金的持有人，其投资金额将用于基金的资产配置。

（2）赎回基金份额

投资者可以随时通过基金公司赎回其持有的基金份额。基金公司会按照当日的基金净值计算赎回金额，并将资金支付给投资者。

2. 基金的投资组合管理

（1）基金经理的角色

基金经理是基金管理团队的核心成员，负责制定和执行基金的投资策略。其职责包括：

研究分析：深入研究市场、行业和个别证券，为投资决策提供基础。

资产配置：根据市场状况和基金的投资目标，决定在不同资产类别间的分配比例。

选股和择时：挑选具有潜在增长潜力的个别股票，并在合适的时机进行买卖。

（2）投资决策流程

宏观经济分析：关注宏观经济状况，包括通货膨胀率、利率水平、经济增长等，以制定投资策略。

行业分析：选择具有增长潜力的行业，进行深入分析，确定投资方向。

个股分析：对行业内的个别股票进行研究，选取符合基金策略的标的。

风险管理：通过分散投资、资产配置等手段，降低基金的整体风险。

（3）业绩评价与调整

基金管理团队需要定期评估基金的业绩，与设定的业绩基准进行对比。根据评估结果，调整投资组合，以适应市场变化和达到投资目标。

3.基金的净值计算

（1）基金净值的概念

基金净值是基金的资产减去负债后的余额，再除以基金总份额。它代表了每份基金的实际价值，是投资者购买和赎回基金份额的价格依据。

（2）净值的计算方法

基金净值＝基金资产总值－基金负债总值

每份基金净值＝基金净值／基金总份额

基金公司通常每个工作日结束时计算基金的净值，并在下一个工作日公布。

4.基金的分红派息

（1）分红派息的概念

在基金投资中，基金公司有时会将基金收益通过分红派息的形式返还给投资者。这意味着投资者可以获得基金的现金收益，而非再投资到基金中。

（2）分红派息的频率

基金的分红派息频率通常由基金公司决定，可以是定期分红（如每季度、半年度、年度）或不定期分红。投资者在购买基金时，可以选择是否自动再投资分红，将分红金额重新购买基金份额，以实现复利效应。

5. 基金的费用结构

（1）销售费用

前端销售费用：投资者在购买基金时支付，直接计入基金份额净值。

后端销售费用：投资者在赎回基金份额时支付，通常随持有时间的增加而逐渐降低。

（2）管理费用

管理费用是基金公司为基金管理提供的服务所收取的费用，通常以基金资产的一定比例计算。这部分费用直接从基金净值中扣除。

（3）托管费用

托管费用是由托管银行为基金提供托管服务所收取的费用，也是以基金资产的一定比例计算的。托管费用同样从基金净值中扣除。

（4）性能报酬

性能报酬是基金公司根据基金的业绩表现收取的费用，通常以超过业绩基准的部分为基础计算。性能报酬也直接从基金净值中扣除。

6. 基金的税务考虑

投资者在持有基金期间会面临税务方面的考虑。基金的红利、利息和资本利得分别会有不同的税务处理方式，可能涉及个人所得税、证券交易税等。基金公司通常会提供相关的税务报告，投资者需要了解并咨询专业税务意见，以最大限度地合法减轻税务负担。

（三）基金管理团队的作用与重要性

1. 基金经理的角色

基金经理是基金管理团队的核心，其角色至关重要。基金经理的主要责任包括：

制定投资策略：根据市场状况、经济环境和基金的投资目标，制定合适的投资策略。

资产配置：根据基金的风险偏好和投资目标，在不同资产类别之间进行分配，以达到最佳的风险收益平衡。

选股和择时：挑选具有潜在增长潜力的个别股票，同时根据市场走势进行买卖决策。

2. 研究团队的作用

研究团队负责对市场、行业和个别证券进行深入研究分析。其作用包括：

收集信息：搜集关于不同行业、公司和宏观经济状况的信息，以支持投资决策。

进行分析：对收集到的信息进行深入分析，评估行业和公司的潜在风险和机会。

提供建议：向基金经理提供关于投资方向、标的选择和市场趋势的建议，协助基金经理制定投资策略。

3. 风险管理团队的作用

风险管理团队负责监测和评估基金面临的各类风险，其作用包括：

风险测度：采用各种指标和模型，对基金面临的市场风险、信用风险等进行测度和评估。

风险控制：根据基金的风险承受能力和投资目标，制定相应的风险控制策略，确保基金的整体风险可控。

风险报告：向基金公司和投资者提供及时的风险报告，帮助基金管理层做出明智的决策。

4.团队协作的重要性

基金管理团队的协作是基金运作的关键。各个团队成员需要密切合作，充分发挥各自的专业优势，以确保基金能够在竞争激烈的市场中取得优异的业绩。协作也包括与其他部门（如市场营销、法务等）的沟通合作，共同推动基金的发展。

（四）投资者选择基金时的考虑因素

1.基金的投资目标

投资者在选择基金时，首先要考虑基金的投资目标是否符合自己的需求和风险偏好。不同类型的基金有不同的投资目标，例如股票基金追求资本增值，债券基金注重固定收益，混合基金则平衡风险和回报。投资者需要根据自身的财务目标和风险承受能力来选择适合的基金。

2.基金的业绩历史

投资者可以通过查阅基金的历史业绩表现来评估基金的投资能力。然而，过去的业绩并不代表未来表现，因此投资者需要谨慎分析基金的长期和短期表现，以便更好地了解基金管理团队的投资策略和决策水平。

3.基金经理的经验和业绩

基金经理是基金管理团队的核心成员，其经验和业绩对基金的表现至关重要。投资者可以了解基金经理的专业背景、工作经历以及过去的投资业绩。对于有多位基金经理的基金，还需注意主要负责人的经验和持续管理时间。

4.基金的费用水平

投资者在选择基金时应仔细了解基金的费用结构，包括销售费用、管理费用、托管费用和性能报酬等。不同的费用水平直接影响基金的实际收益，低费用的基金通常更受投资者青睐。

5. 基金的风险水平

投资者需要评估基金的风险水平是否符合自己的风险承受能力。不同类型的基金面临不同的风险，股票基金可能受到市场波动的影响，债券基金可能受到利率风险的影响。了解基金的风险特征有助于投资者更好地管理自身投资组合的风险。

6. 基金公司的声誉与管理水平

基金公司的声誉和管理水平是投资者选择基金时需要考虑的重要因素。优秀的基金公司通常具有更为完善的风控体系和专业的管理团队，能够提供更可靠的基金产品。投资者可以通过查阅评级机构的评估报告、了解基金公司的历史业绩以及观察公司的治理结构来评估其声誉和管理水平。

7. 基金的规模

基金规模也是一个需要考虑的因素。过大的基金规模可能导致基金难以灵活操作，尤其是在投资较小市值的股票时。而过小的基金规模可能带来较高的固定成本相对于资产规模的比例，影响基金的经济性。投资者可以根据个人偏好来选择适中规模的基金。

基金的运作机制和管理团队对于投资者的投资体验和收益至关重要。投资者在选择基金时需要全面了解基金的类型、投资目标、管理团队、费用结构等方面的信息，以便做出明智的投资决策。同时，基金的管理团队扮演着至关重要的角色，其经验和业绩对基金的表现有着深远的影响。投资者应保持谨慎，定期审视自己的投资组合，以确保其与个人财务目标和风险承受能力相匹配。在投资过程中,持续学习和保持理性,是取得投资成功的关键因素。

第二节　基金的分类

一、股票基金、债券基金与混合基金

在投资组合中，股票基金、债券基金和混合基金是常见的投资工具，各自具有不同的特点、风险收益特征以及适用的投资场景。本书将深入探讨这三类基金的基本概念、运作机制，以及投资者在选择时需要考虑的因素。

（一）股票基金

1.定义与特点

股票基金是一种主要投资于股票市场的基金，旨在追求资本增值。其特点包括：

高风险高回报：由于主要投资于股票，股票基金的价值受到市场波动的较大影响，具有较高的风险，但也有较高的长期增长潜力。

分散投资：为了降低个别股票的风险，股票基金通常会分散投资于多支股票，实现投资组合的多样化。

主动管理：基金经理会根据市场状况和个股分析调整投资组合，以谋求超越市场平均水平的收益。

2.投资策略

股票基金的投资策略主要包括：

成长型股票基金：重点投资具有高增长潜力的成长型股票，适合追求高回报的投资者。

价值型股票基金：重点投资被市场低估的价值股，适合追求相对稳定的投资者。

指数型股票基金：追踪某个股票市场指数，实现市场表现的复制，适合追求低费用、passively 管理的投资者。

（二）债券基金

1. 定义与特点

债券基金是以债券为主要投资对象的基金，旨在稳定投资并提供相对固定的收益。其特点包括：

相对稳健：债券基金的主要投资标的是债券，债券相对于股票而言，风险较低，适合风险厌恶型投资者。

固定收益：债券基金的收益主要来自债券的利息支付，投资者可以预期相对稳定的固定收益。

期限多样：债券基金可以投资于不同期限的债券，包括短期、中期和长期债券，以满足投资者不同的期限偏好。

2. 投资策略

债券基金的投资策略主要包括：

国债基金：投资于政府发行的国债，风险相对较低，适合追求相对稳定收益的投资者。

公司债基金：投资于各类公司发行的债券，风险较国债基金略高，但收益也相对更高。

混合型债券基金：同时投资于不同类型的债券，以实现更好的分散化和风险控制。

（三）混合基金

1. 定义与特点

混合基金，又称为平衡基金，是同时投资于股票和债券等不同资产类别的基金。其特点包括：

风险分散：通过同时投资于股票和债券，混合基金实现了更好的资产分散，降低整体投资组合的波动性。

稳定收益：债券部分提供了相对稳定的固定收益，有助于抵消股票市场的波动。

灵活调整：混合基金经理可以根据市场状况和经济环境调整股票和债券的权重，以适应不同的投资环境。

2. 投资策略

混合基金的投资策略主要包括：

平衡型基金：以相对固定的股债比例进行投资，旨在平衡风险和回报，适合追求稳定增长的投资者。

灵活配置型基金：允许基金经理根据市场状况自由调整股债比例，以追求更好的投资机会，适合追求较高回报且能承受一定风险的投资者。

目标日期基金：根据投资者的退休或其他目标日期，自动调整股债比例，逐渐降低风险，适合长期规划的投资者。

（四）如何选择适合的基金

1. 投资目标与风险偏好

投资者首先需要明确自己的投资目标和风险偏好。如果追求高回报并能承受一定风险，股票基金可能是更合适的选择。如果注重资本保值和相对稳定的收益，债券基金可能更符合期望。而混合基金则为那些希望在股债之间取得平衡的投资者提供了更为灵活的选择。

2. 投资期限

投资者需要考虑自己的投资期限，不同基金类型适用于不同的投资期限。股票基金通常更适合长期投资，债券基金可以满足中长期的需求，而混合基金则相对灵活，适合不同投资期限的需求。

3. 收益预期

对于追求较高回报的投资者，股票基金可能是更具吸引力的选择。而追求相对稳定收益的投资者可能更倾向于债券基金。混合基金在收益预期上介于两者之间，具有一定的灵活性。

4. 基金经理的经验与业绩

基金经理的经验和业绩是选择基金时需要关注的重要因素。通过了解基金经理的专业背景、工作经历以及过去的投资业绩，投资者可以更好地评估基金的管理水平和投资策略的执行能力。

5. 费用水平

费用水平对于投资者的实际收益有着直接影响。投资者应该关注基金的销售费用、管理费用、托管费用等，选择费用合理的基金。低费用的基金通常更有利于投资者长期的投资回报。

6. 基金公司的声誉

基金公司的声誉也是选择基金时需要考虑的重要因素。有良好声誉的基金公司通常拥有更为完善的风险管理体系和专业的管理团队，能够提供更可靠的基金产品。投资者可以通过查阅评级机构的评估报告、了解基金公司的历史业绩以及观察公司的治理结构来评估其声誉和管理水平。

股票基金、债券基金和混合基金各自具有独特的特点和投资策略，能够满足不同投资者的需求。

二、指数基金与主动管理基金

在投资领域，指数基金和主动管理基金是两种常见的投资工具，它们在基金管理、投资策略和收费方式等方面存在显著的差异。本书将深入探讨指数基金和主动管理基金的特点、优劣势以及投资者在选择时需要考虑的因素。

（一）指数基金

1. 定义与特点

指数基金是一种 passively 管理的投资工具，其主要特点包括：

复制市场指数：指数基金旨在追踪特定的市场指数，如标普 500 指数、沪深 300 指数等，通过持有指数成分股的权重，实现与市场表现一致。

低成本：由于不需要大量的研究和主动管理，指数基金通常具有较低的管理费用，成本相对较低。

市场平均表现：由于追踪市场指数，指数基金的表现通常与市场平均水平相符，不会超越或低于市场过多。

透明度高：指数基金的投资组合通常公开透明，投资者能够清晰了解基金持有的资产。

2. 投资策略

指数基金的投资策略相对简单：

复制指数：直接购买指数成分股，按照市值权重持有，不主动调整投资组合。

定期调整：定期进行投资组合的调整，以保持与目标指数相一致。

（二）主动管理基金

1. 定义与特点

主动管理基金是由基金经理根据其研究和判断，通过买卖股票、债券等资产来超越市场表现的投资工具，其主要特点包括：

寻求超额收益：主动管理基金的目标是通过基金经理的投资策略和选股能力，获得超越市场平均水平的收益。

主动调整：基金经理会根据市场状况、行业前景和个股分析等因素，灵活调整投资组合，以谋求超越市场的投资机会。

相对高成本：由于需要专业的研究团队和主动的投资决策，主动管理基金通常具有较高的管理费用。

业绩不确定：由于主动管理需要击败市场平均水平，基金的业绩表现较为不确定，可能会有超额收益，也可能存在表现不佳的情况。

2. 投资策略

主动管理基金的投资策略较为多样：

价值投资：注重低估值的股票，相信这些股票具有增长潜力。

成长投资：选择具有较高增长潜力的股票，即使估值较高也可考虑。

市场定位：根据市场预期，调整投资组合的配置，如看好科技行业，则增加科技股仓位。

（三）指数基金与主动管理基金的比较

1. 优劣势对比

（1）指数基金的优势

低成本：由于 passively 管理，指数基金通常具有较低的管理费用，投资者能够以相对较低的成本获取市场平均收益。

透明度高：投资者清晰了解基金的投资组合，知道基金持有的具体资产。

市场平均表现：适合追求简单、稳健投资的投资者，尤其是长期投资者。

（2）主动管理基金的优势

寻求超额收益：主动管理基金的目标是超越市场平均，具有获取相对高回报的潜力。

灵活调整：基金经理可以根据市场情况及时调整投资组合，应对不同的市场环境。

个性化投资：基金经理可以根据个股分析和行业前景，实施更加个性化的投资策略。

2. 投资者选择考虑因素

（1）投资目标和风险偏好

长期投资者：若追求简单、低成本的投资，适合选择指数基金。

追求超额回报：对于追求更高回报，愿意承担一定主动管理风险的投资者，可以考虑主动管理基金。

（2）投资期限

短期投资者：若投资期限较短，且对市场波动较为敏感，指数基金可能更合适。

长期投资者：长期投资者可以考虑指数基金，尤其是在长期内能够受益于市场整体的稳定增长。

（3）知识水平和投资经验

初学者：对于新手投资者，指数基金提供了一种相对简单的投资选择，不需要深入的市场分析和投资经验。

经验投资者：具备较高的市场认知和投资经验的投资者，可能更能够充分利用主动管理基金，挖掘市场中的投资机会。

（4）资产配置和分散投资

资产配置：若投资者希望在投资组合中实现更为精细的资产配置，满足个性化的风险偏好和目标，主动管理基金可能更为适用。

分散投资：若希望通过简单的方式实现资产的分散，降低投资组合的整体风险，指数基金是一个有效的工具。

（5）费用考虑

低成本需求：对于追求低成本、passively 管理的投资者，指数基金通常是更经济有效的选择。

愿意支付额外费用：若投资者相信基金经理的专业能力，并愿意支付额外的管理费用，主动管理基金可能更符合其需求。

3. 投资组合中的搭配

在构建投资组合时，许多投资者选择将指数基金和主动管理基金进行搭配，以充分利用它们各自的优势。这种搭配可以根据投资者的目标、风险承受能力和市场预期来进行灵活调整。

核心—边缘策略：将稳定的、低成本的指数基金作为核心，同时加入一些主动管理基金，以寻求超额收益，形成核心 - 边缘的投资组合。

因子投资策略：利用指数基金追踪市场表现，同时通过选择因子（如价值、成长、规模等）主动管理基金，实现对特定风险因子的投资。

定期调整：根据市场状况定期调整投资组合，灵活运用指数基金和主动管理基金，以适应不同的市场环境。

指数基金和主动管理基金各有优劣，适用于不同投资者的需求。投资者在选择时应充分考虑自己的投资目标、风险偏好、投资期限、知识水平、资产配置和费用承受能力等因素。同时，投资者还可以考虑在投资组合中搭配使用这两种基金，以充分发挥它们的优势，实现更好的风险收益平衡。

在任何投资决策中，投资者都应该保持谨慎，理性看待市场波动，根据个人情况和市场变化进行调整。最终的投资选择应该符合个人的财务规划和长期投资目标，以实现持续稳健的财务增值。

第三节　基金选购技巧

一、评估基金的历史表现与风险

基金投资是投资者多元化资产配置的重要手段之一。在选择基金时，评估基金的历史表现和风险水平是至关重要的步骤。本书将深入探讨如何全面评估基金的历史表现与风险，以帮助投资者做出明智的投资决策。

（一）历史表现的评估

1. 基金业绩指标

（1）收益率

基金的收益率是最直接的表现之一。投资者需要关注基金的年度、季度和月度收益率，以全面了解基金在不同市场环境下的表现。

累计收益率：衡量基金从成立至今的总体表现。

年化收益率：表示基金年均获得的收益百分比，更直观地展示了基金的盈利能力。

（2）基准指数比较

将基金的表现与相关市场指数进行比较是一种常见的方法。这有助于判断基金是跑赢了市场还是落后于市场表现。常用的基准指数包括标普 500 指数、沪深 300 指数等。

（3）风险调整收益

夏普比率、索提诺比率等风险调整收益指标考虑了投资的风险水平。这些指标更全面地评估了基金在获取收益时所承担的风险。

2. 历史表现的分析

（1）长期和短期表现

投资者不仅需要关注基金的长期表现，还应关注其短期表现。这有助于判断基金是否能够在不同市场环境下保持稳健表现。

（2）基金经理的变动

基金经理的变动可能会对基金的表现产生影响。如果基金在较短时间内频繁更换经理，投资者可能需要对基金的表现持谨慎态度。

（二）风险的评估

1. 波动性分析

（1）历史波动率

历史波动率反映了基金净值的变动幅度。较高的波动率可能意味着基金的风险较大，投资者在短期内可能面临较大的资产价值波动。

（2）业绩分散度

通过观察基金不同时间段内的业绩分散度，投资者能够判断基金在不同市场阶段的表现一致性。一致稳定的表现通常是投资者所追求的。

2. 风险收益比

（1）夏普比率

夏普比率衡量了基金的每单位风险所获得的超额收益。较高的夏普比率通常意味着基金在承担相同风险的情况下能够获得更高的收益。

（2）最大回撤

最大回撤是指基金净值在特定时期内的最大跌幅。投资者通过了解基金历史最大回撤，可以更好地估计在不同市场情况下可能面临的损失。

（三）其他考虑因素

1. 资产规模

基金的资产规模也是一个需要考虑的因素。过大的资产规模可能导致基金运作变得复杂，降低基金的灵活性，进而影响基金的表现。

2. 手续费和费用

基金的费用结构也是投资者需要关注的关键因素。高额的手续费和管理费用可能对投资者的实际收益造成负面影响。

（四）综合评估方法

1. 多维度评估

综合运用各种指标，从不同维度全面评估基金的历史表现与风险。这包括收益率、波动性、风险调整收益、最大回撤等多个方面。

2. 业绩与基金策略的匹配性

考虑基金的业绩与其投资策略的匹配性。某一基金在特定市场环境下表现良好，并不代表其在其他市场环境下也能够取得相似的成绩。

3. 定期审视

基金投资是一个动态过程，市场环境随时可能发生变化。投资者应定期审视基金的表现，根据市场情况和个人投资目标进行调整。

综合评估基金的历史表现与风险是基金投资决策中至关重要的一环。投资者需要关注多个方面的指标，包括收益率、波动性、风险调整收益、最大回撤等，以全面了解基金的综合表现。同时，投资者还需要考虑基金经理的经验、基金规模、费用水平等因素，以更全面地评估基金的质量和适合性。

在评估历史表现时，投资者应注重长期表现，并注意短期波动的原因。经验丰富的基金经理、一致稳定的表现、与市场指数的比较，都是评估基金质量的关键因素。投资者还可以通过比较同类基金、查阅评级机构的评估报告等方式获取更多信息。

在评估风险时，投资者需要关注基金的波动性、业绩分散度、夏普比率等指标，以全面了解基金的风险水平和在承担风险的情况下是否能够取得合理的收益。同时，最大回撤是一个关键的风险指标，投资者需要了解基金在历史最为不利的市场环境下可能面临的最大损失。

除了历史表现和风险，基金的资产规模、费用水平等因素也需要纳入综合考虑。过大的资产规模可能导致基金运作不灵活，而高额的费用可能对投资者的实际收益产生负面影响。因此，投资者应当综合考虑这些因素，确保选择的基金与自身的投资目标和风险偏好相匹配。

最后，定期审视投资组合的表现，根据市场的变化和个人的投资目标进行调整，是成功投资的重要策略之一。市场条件和基金表现都可能发生变化，定期审视有助于投资者保持对投资组合的有效管理。

在基金投资中，谨慎而全面的评估是取得长期稳健收益的关键。通过深入研究基金的历史表现与风险，投资者可以更明智地做出投资决策，更好地实现财务目标。

二、选择适合个人目标的基金组合

基金投资作为一种多元化的投资工具，可以满足不同投资者的需求，包括风险偏好、投资目标和资金规模。选择适合个人目标的基金组合是理财成功的重要一步。本书将深入讨论如何根据个人目标构建合适的基金投资组合，以实现长期财务目标。

（一）理解个人投资目标

1. 短期目标与长期目标

投资者在选择基金组合之前，首先需要明确自己的投资目标，包括短期和长期目标。短期目标可能包括购房、旅行或子女教育，而长期目标可能是养老金积累或资产传承。

2. 风险承受能力

了解个人的风险承受能力是构建投资组合的关键。不同的人对风险的容忍程度不同，投资者需要根据自身的情况来选择风险水平相符的基金。

3. 资金规模

投资者的资金规模也是构建投资组合时需要考虑的因素。资金规模较小的投资者可能更适合选择低成本、流动性好的基金，而较大规模的投资者则有更多的选择空间。

（二）基金种类与特点

1. 股票型基金

（1）美股基金

美股基金投资美国股市，适合长期投资者。其特点包括：

高风险高收益：美股市场波动较大，但潜在收益也较高。

国际化配置：投资者可以通过美股基金实现对全球经济的参与。

（2）行业主题基金

行业主题基金投资特定行业，如科技、医疗等。适合对某一行业有深入了解的投资者。特点包括：

专业性强：投资者可选择熟悉的领域，更好地把握投资机会。

行业风险：受行业因素影响较大，需要谨慎选择。

2. 债券型基金

（1）政府债基金

政府债基金主要投资政府债券，相对较为稳健。特点包括：

低风险低收益：相对于其他债券基金，政府债基金的风险较低，适合保守型投资者。

收益稳定：提供相对稳定的固定收益。

（2）企业债基金

企业债基金投资企业债券，风险相对政府债基金较高，但收益也更具吸引力。

中高风险中收益：适合追求相对高收益的投资者，但要注意信用风险。

3. 混合型基金

混合型基金同时投资股票和债券，具有较好的风险分散效果。特点包括：

风险分散：通过同时配置股票和债券，降低整体投资组合的波动性。

灵活性：基金经理可以根据市场状况调整资产配置，适应不同的投资环境。

（三）构建适合个人目标的基金组合

1.根据目标期限配置资产

短期目标：若投资目标为短期，如购车、旅行等，可以主要配置低风险的债券基金，保障本金安全。

长期目标：针对长期目标，如子女教育、养老金积累，可以适度配置股票型基金，追求更高的长期收益。

2.考虑风险承受能力

保守型投资者：风险承受能力较低的投资者可以以债券型基金和混合型基金为主，降低整体投资组合的波动性。

激进型投资者：风险承受能力较高的投资者可以适度增加股票型基金的比重，以追求更高的长期收益。

3.考虑资金规模

小规模投资者：资金规模较小的投资者可以选择低门槛的指数基金或交易所交易基金（ETF），实现更为灵活的投资。

大规模投资者：资金规模较大的投资者可以更多地选择专业化、高门槛的基金产品，如行业主题基金或私募基金。

（四）定期调整与风险管理

定期调整是维持投资组合适应市场变化的关键步骤。随着时间的推移和市场条件的变化，原先设定的投资目标和风险偏好可能会发生变化。以下是定期调整和风险管理的几个关键考虑因素：

1.定期审视投资目标

生活变化：个人生活可能发生变化，导致投资目标的调整。例如，家庭成员的增加、子女教育阶段的变化等都可能影响投资目标的设定。

市场状况：定期审视当前的市场状况，了解宏观经济环境、行业走势等因素，以及对未来的预期，有助于调整投资组合。

2. 风险管理与资产配置

风险偏好：随着投资者年龄、职业阶段等因素的变化，风险偏好可能会发生变化。在定期调整中要根据当前的风险偏好重新配置资产。

市场风险：关注市场风险，如全球经济形势、利率变化等因素，灵活调整股票、债券等资产配置，以更好地应对市场波动。

3. 收益再投资与分红处理

收益再投资：定期审视投资组合中的收益，考虑是否将收益再投资，增加资产规模，提高投资组合的长期增长潜力。

分红处理：针对分红型基金，投资者需考虑是否将分红用于满足短期支出需求，或者再投资以获取更多收益。

选择适合个人目标的基金组合是理财成功的关键一步。投资者需要在理解个人投资目标的基础上，考虑风险承受能力、资金规模等因素，选择不同类型的基金进行组合。在投资组合构建后，定期审视并根据市场变化进行调整是保持投资组合适应性的关键。

第六章　保险投资策略

第一节　保险概述

一、保险的基本原理与功能

保险是一种社会化的风险管理工具，通过在个体或企业之间分担风险，为被保险人提供经济保障。保险业的起源可以追溯到古代的海商贸易，随着社会经济的发展，保险逐渐演变成一种现代金融工具，对个人、企业和整个社会都具有重要的意义。本书将深入探讨保险的基本原理与功能，以帮助读者更好地理解保险的本质和作用。

（一）保险的基本原理

1. 分散风险原理

保险的基本原理之一是分散风险。分散风险是指通过集合大量的保险合同，将个体的风险分散到整个保险群体中，从而降低每个被保险人面临的风险。这种原理基于概率统计的法则，认为在大量相似风险中，个别风险的发生是不可预测的，但整体风险的趋势是可以预测的。因此，通过合理的风险定价和分散投保，保险公司能够更好地应对风险的不确定性。

2. 共同体意识原理

保险的运作离不开共同体意识原理。保险合同背后的理念是共同体的概念，即被保险人共同承担和分担风险。这种共同体意识有助于形成保险合同的互惠性，每个被保险人在需要时可以获得其他成员的支持。共同体的形成还促使被保险人更加关注整体的利益，以保持共同体的稳定和可持续发展。

3. 理赔准备金原理

理赔准备金原理是指保险公司为了履行保险合同中的理赔责任，在合同期内按照一定的比例和规定，将部分保费用于形成理赔准备金。这一原理体现了保险公司的责任和稳健经营的原则。理赔准备金的形成有助于确保在发生风险事件时，保险公司能够迅速垫付理赔款项，保障被保险人的权益。

（二）保险的基本功能

1. 风险转移与分担功能

风险转移与分担是保险最基本的功能之一。通过购买保险，被保险人将特定风险的经济责任转移给保险公司，从而在发生不幸事件时获得经济赔偿。这种风险的转移和分担功能有助于降低个体和企业面对不可预测风险时的经济压力，保障其正常生活和业务经营。

2. 经济保障与稳定功能

保险的另一重要功能是提供经济保障与稳定。在面对重大风险事件时，被保险人可以通过获得理赔金来维持生计或恢复业务。这种经济保障有助于降低社会的不确定性，维护个体和社会的经济稳定。

3. 促进投资与经济发展功能

保险业不仅为个体和企业提供保障，还具有促进投资与经济发展的功能。保险公司作为大规模的资金池，通过保费的收取和投资运作，为社会提供了大量的资金支持。这些资金可以用于企业的创新与发展、基础设施建设等，推动经济的繁荣和可持续发展。

4. 预防与安全管理功能

保险公司为了降低理赔发生的概率，通常会提供相关的风险管理服务。这些服务包括风险评估、安全培训、防范措施等，旨在帮助被保险人预防潜在的风险。通过提供这些服务，保险公司不仅提高了被保险人的安全意识，还减轻了自身的理赔压力，实现了共赢的局面。

（三）不同类型保险的基本原理与功能

1.寿险保险

（1）基本原理

寿险保险的基本原理是在被保险人死亡或达到合同规定的年龄时，保险公司支付给受益人一定的保险金。寿险保险的风险是被保险人的寿命，通过大量投保人群的风险分散，保险公司能够提供长期、稳定的寿险保障。

（2）基本功能

家庭经济保障：寿险保险提供了一种经济保障机制，确保被保险人的家庭在其不幸离世时能够获得一定的经济支持，用于支付生活费用、贷款偿还等。

财富传承：通过设定受益人，寿险保险有助于实现财富的传承。在被保险人去世后，受益人可以获得相应的保险金，用于继承或支持家庭的财务状况。

债务偿还：如果被保险人在合同期内去世，寿险保险可以用于偿还其留下的贷款，如房屋抵押贷款、车贷等，避免负担转嫁给家庭成员。

2.财产险保险

（1）基本原理

财产险保险的基本原理是对被保险财产遭受意外损失或损害时提供经济赔偿。财产险包括汽车保险、家庭财产保险、商业财产保险等，其风险涉及自然灾害、盗窃、火灾等多种因素。保险公司通过合理的风险定价和分散投保，为被保险人提供财产安全的保障。

（2）基本功能

财产保障：财产险保险的主要功能是为被保险人的财产提供全面的保

障，包括建筑物、家具、设备等。在财产遭受损失或损害时，保险公司会提供经济赔偿，帮助恢复或修复受损财产。

责任保障：财产险中的责任险部分还包括对第三方责任的保障。例如，汽车保险中的第三者责任险可以在 insured 被判定为肇事方时，向第三方提供赔偿。

租赁保障：对于租赁的房屋或商铺，财产险可以提供租赁保障，保障租户在财产损失时能够获得相应的赔偿。

3. 健康险保险

（1）基本原理

健康险保险的基本原理是在 insured 发生意外伤害、生病或需要医疗服务时，保险公司提供相关费用的赔偿。健康险通常包括医疗保险、重疾险、意外伤害险等，其风险主要涉及 insured 的健康状况。

（2）基本功能

医疗费用赔偿：健康险保险的主要功能之一是为 insured 提供医疗费用的赔偿。这包括住院费用、手术费用、门诊费用等，确保 insured 在生病或受伤时能够及时得到医疗服务。

重大疾病保障：重疾险是健康险中的一种，主要用于保障 insured 在被确诊患有特定重大疾病时获得一笔固定的赔偿金，用于应对治疗、康复等费用。

意外伤害保障：意外伤害险主要针对 insured 发生意外伤害时提供赔偿，包括但不限于意外医疗费用、伤残赔偿金等。

4. 养老险保险

（1）基本原理

养老险保险的基本原理是 insured 在退休后获得一定的经济保障，以维持其基本生活水平。养老险通常包括企业年金、个人养老保险、社会养老保险等，其风险主要涉及 insured 的养老生活。

（2）基本功能

退休金提供：养老险的主要功能是 insured 在退休时获得一定的退休金，以弥补其停止工作后的经济损失。这可以包括企业年金、社保养老金等形式。

长期储蓄：养老险也可以被视为一种长期储蓄工具。insured 在工作期间缴纳保费，形成养老金储蓄池，用于在退休后提供稳定的经济来源。

风险转移：养老险通过将养老风险转移给保险公司，为 insured 提供了一种安心的养老保障。insured 不必担心在老年时期由于退休而面临的财务压力。

（四）保险的发展与趋势

1. 数字化与科技创新随着数字化和科技创新的不断发展，保险业也在不断转型。以下是数字化与科技创新在保险领域的发展趋势：

互联网保险（Insurtech）：互联网保险是指通过互联网和先进的技术手段来提供保险服务。这包括在线投保、精准定价、智能理赔等方面的创新。通过互联网平台，保险公司可以更便捷地接触客户，实现产品个性化定制。

人工智能（AI）与大数据：人工智能和大数据技术在保险业的应用日益广泛。通过分析大量数据，保险公司可以更准确地评估风险，制定更精细化的保费定价。同时，人工智能还在理赔处理、客户服务等方面发挥着重要作用。

区块链技术：区块链技术可以提高保险业务的透明度和安全性。通过区块链，可以建立不可篡改的数据记录，减少欺诈行为，提高合同的可靠性。此外，区块链还可以简化多方参与的复杂流程，提高效率。

智能合约：智能合约是一种基于区块链的自动执行合同的技术。在保险领域，智能合约可以自动执行理赔流程，提高理赔的效率，并减少潜在的纠纷。

2. 精算与风险管理

精算是保险领域中对风险进行量化、评估和管理的关键领域。未来，随着数据采集和处理能力的提高，精算将更加精准和细致。风险管理方面，保险公司将更加注重全面的风险管理，包括气候风险、地质风险等非传统风险的评估和管理。

3. 环境、社会与治理（ESG）因素

ESG 因素在保险业中的影响逐渐增强。投资者和客户对于保险公司的社会责任和可持续经营的关注不断提升。保险公司在产品设计、投资组合和企业经营中将更加注重环境友好、社会责任和良好治理。

4. 新兴业务模式

新兴业务模式如共享经济、共享保险等将影响传统保险模式。随着共享经济的兴起，保险公司将不仅仅是为个体提供保险，还可能通过合作伙伴关系参与到共享经济的风险保障中。

保险作为一种重要的社会化风险管理工具，通过分散风险、提供经济保障等方式，为个体和企业提供了安全感和经济支持。其基本原理包括分散风险、共同体意识、理赔准备金等，基本功能涵盖风险转移与分担、经济保障与稳定、促进投资与经济发展、预防与安全管理等。

随着社会、经济和科技的发展，保险业正经历着一系列的变革。数字化与科技创新为保险业注入了新的活力，使其更加智能化、高效化。同时，新兴业务模式、ESG 因素等也将为保险业带来更多的机遇和挑战。在未来，保险业将继续适应变化，提升服务水平，更好地满足社会的保险需求。

二、个人及家庭保险需求评估

保险在个人及家庭财务规划中扮演着至关重要的角色。它不仅可以提供财产和人身的全面保障，还有助于在意外事件发生时保障家庭的经济安全。本书将从个人及家庭的不同角度，对保险需求进行细致的评估，以帮助个体更好地制定保险规划，确保生活在各方面都能得到妥善的保障。

（一）生活阶段的保险需求评估

1. 单身阶段

在单身阶段，个体主要需要关注自身的个人保险需求。

（1）健康保险

单身阶段的个体需要重点关注健康保险，以确保在面对疾病或意外伤害时能够获得及时且全面的医疗保障。一份全面的健康保险可以包括住院医疗、手术费用、门诊费用等。

（2）意外险

意外险是单身阶段尤为重要的一种保险，因为个体可能面临更多的户外活动，存在较高的意外伤害风险。此外，意外险通常具备 24 小时全球保障，确保在任何时候都能得到保障。

（3）财产保险

财产保险主要包括租赁保险或房屋保险，以保障个体的财产免受火灾、盗窃等风险的侵害。此外，汽车保险也是必备，以覆盖交通事故和车辆损失的风险。

2. 结婚阶段

结婚后，保险需求将发生一些变化。

（1）寿险保险

随着家庭责任的增加，尤其是如果有子女，寿险保险将成为至关重要的一部分。寿险保险可以确保在被保险人去世时，家庭能够获得足够的经济支持，用于偿还债务、支付子女教育费用等。

（2）家庭综合保险

家庭综合保险是一种综合性的保险产品，通常包括健康保险、财产保险、寿险保险等多种险种。通过购买家庭综合保险，可以简化保险计划，确保全方位的保障。

（3）教育储蓄保险

对于有子女的家庭，教育储蓄保险是一个不错的选择。这种保险产品结合了寿险和储蓄，旨在为子女的教育费用提供资金支持。在被保险人去世或特定年龄时，可以获得一笔用于支付教育费用的保险金。

3. 育儿阶段

在育儿阶段，家庭的保险需求更加多元化。

（1）儿童保险

为孩子购买儿童保险是一项常见的选择。这种保险通常包括意外险和儿童重疾险，以确保在孩子面临意外伤害或患重大疾病时能够获得及时治疗和经济支持。

（2）教育规划

随着子女的成长，教育规划也变得至关重要。除了教育储蓄保险外，家庭还可以考虑购买教育年金保险或儿童教育金保险，以确保在子女上大学时有足够的资金。

4. 退休阶段

退休阶段的保险需求会发生进一步的变化。

（1）养老保险

养老保险是退休阶段不可或缺的一部分。退休后，个体可以通过购买商业养老保险或者依赖社会养老保险来获得一定的养老金支持。

（2）长期护理保险

随着年龄的增长，可能面临患病或失能的风险。长期护理保险可以为个体提供在老年时期可能需要的长期护理服务的资金支持。

（二）财务状况的保险需求评估

1. 收入水平

个体的收入水平直接影响其购买力和生活水平。在收入较高的情况下，可以考虑购买更全面、高额的保险，以确保在面临风险时能够得到更充分的保障。而对于收入较低的个体，可以选择灵活性更强、保费较为经济的基本保险计划，以满足基本的保险需求。

2. 负债状况

个体的负债状况也是评估保险需求的重要因素。如果个体负债较多，如房屋抵押贷款、车贷、教育贷款等，需要考虑购买相应的财产保险和健康保险，以确保在不可预测的情况下，负债不会给家庭造成沉重的财务负担。

3. 资产状况

个体的资产状况也需要纳入保险需求评估的考虑范围。对于拥有大量财产的个体，需要购买足够的财产保险，以覆盖可能发生的损失。此外，高净值个体还可以考虑购买私人财产保险，以提供更高水平的保障。

（三）职业与工作性质的保险需求评估

1. 职业类型

不同职业类型面临的风险不同，因此职业类型是影响保险需求的一个关键因素。

（1）高风险职业

从事高风险职业的个体，如建筑工人、消防员等，需要更加全面的保险覆盖，特别是意外险。这有助于在工作中发生意外时提供全面的经济保障。

（2）低风险职业

从事低风险职业的个体，如文职人员、教育工作者等，可以更注重寿险和健康保险，以提供在生病或离世时的保障。

2. 工作性质

工作性质也对保险需求有一定的影响。

（1）自由职业者

自由职业者通常没有雇主提供的保险，因此需要自行购买全面的健康保险、意外险等，以保障在没有固定收入和雇主福利的情况下，依然能够获得充分的保障。

（2）公司雇员

对于公司雇员来说，通常可以获得雇主提供的基本保险，但仍需评估是否需要额外购买一些高级保险，以填补雇主提供保险的不足。

（四）保险知识水平与理财目标的保险需求评估

1. 保险知识水平

个体对保险的了解程度对于评估保险需求至关重要。保险知识水平较低的个体可能容易忽视某些重要的保险类型，因此有必要通过咨询专业人士或深入学习来提升保险知识水平。

2. 理财目标

个体的理财目标也会直接影响其保险需求。如果个体的理财目标是追求财务自由和长期投资增值，那么相应的保险策略可能更侧重于长期储蓄型保险。如果理财目标是在短期内获得高额回报，那么可能更注重投资型保险。

综合考虑个体的生活阶段、财务状况、职业与工作性质、保险知识水平以及理财目标等多个方面因素，才能更全面、科学地评估个人及家庭的保险需求。以下是一些建议：

定期评估保险需求：个体应该定期评估自己及家庭的生活状态和财务状况，及时调整保险计划。

学习提升保险知识：提高保险知识水平，可以更好地理解各种保险产品，选择适合自己需求的保险计划。

咨询专业人士：在购买保险前，可以咨询专业的保险顾问或经纪人，以获取更详细的建议和信息。

建立紧急储备金：除了购买各类保险外，建议个体建立紧急储备金，用于应对突发状况，降低对保险的过度依赖。

理性投保：在购买保险时，要理性投保，避免过度保险或重复保险，以免浪费资源。

最终，制定合理的保险规划是一个动态的过程，需要根据个体的生活变化、财务状况和理财目标不断进行调整。通过科学合理地评估保险需求，个体及家庭可以更好地在不可预测的未来获得全面的保障。

第二节　保险的分类

一、寿险、意外险与健康险

随着社会的发展和人们对生活质量要求的提升，人身保险逐渐成为财务规划的重要组成部分。寿险、意外险与健康险是人身保险领域的三大支柱，它们分别覆盖了人生不同阶段的风险和需求。本书将深入探讨这三类保险的特点、功能以及如何科学选择，以期为个体及家庭提供全方位的人身安全保障。

（一）寿险

1. 寿险的定义与基本特点

寿险，全称寿命保险，是一种以被保险人生死为保险标的，以保险金支付生存保险金或死亡保险金的保险形式。其基本特点如下：

保障寿命安全：主要通过提供死亡保险金来保障被保险人的家庭经济安全，确保在被保险人不幸去世时，其家庭能够得到一笔经济资助。

现金价值累积：长期交纳保费后，寿险合同可能具有现金价值，可以在特定时期提取或用于支付保费。

终身保险与定期寿险：寿险可以分为终身保险和定期寿险两大类。终身保险一般无固定期限，保险期间至被保险人去世为止，而定期寿险则在一定期限内有效，到期后不再提供保障。

2. 适用人群与场景

寿险适用于多种人群和场景：

家庭主要经济支柱：对于家庭来说，如果某一成员是家庭的主要经济支柱，购买寿险可以确保在其去世时，家庭不会因为失去经济支持而陷入财务困境。

贷款保障：对于贷款人来说，购买寿险可以作为一种还款保障。在贷款人去世时，寿险金可以用于偿还贷款，避免债务转嫁给家人。

子女教育支持：为子女购买寿险，可以在父母去世时提供资金支持，确保子女能够顺利完成教育。

3. 注意事项

在购买寿险时，个体应注意以下几个方面：

保额的选择：保额应该根据被保险人的家庭负担、贷款情况以及未来支出需求来合理确定。

保费支付方式：寿险的保费支付方式有年缴、半年缴、季缴和月缴等多种选择，个体可以根据自己的支付能力来选定。

保险期限：终身寿险和定期寿险的选择取决于个体的需求。如果需要长期保障，可以选择终身寿险；如果只需在一定期限内保障，可以选择定期寿险。

（二）意外险

1. 意外险的定义与基本特点

意外险，是指以被保险人因意外事故而导致身体伤害或死亡为保险标的，提供一定金额的保险金的保险形式。其基本特点包括：

保障意外伤害风险：意外险主要用于应对意外伤害带来的医疗费用、伤残赔偿和身故赔偿。

全天候保障：意外险通常提供全天候、全球范围的保障，无论何时何地发生意外，都能得到赔付。

灵活多样的保障选择：个体可以根据需要选择不同的保障项目，如住院医疗、意外身故、伤残赔偿等。

2. 适用人群与场景

意外险适用于广泛的人群和场景：

年轻人和从业人员：年轻人和从业人员通常面临更高的意外伤害风险，购买意外险可以为其提供全方位的保障。

户外活动爱好者：爱好户外活动的个体，如登山、徒步、运动等，面临更多的意外伤害风险，购买意外险尤为重要。

特殊职业人群：从事特殊职业的个体，如建筑工人、消防员等，由于工作环境复杂，更容易发生意外伤害。

3. 注意事项

在购买意外险时，需要注意以下几点：

理解保障范围：不同的意外险产品可能有不同的保障范围，个体应仔细阅读保险条款，确保了解具体的保障项目和条件。

关注免赔额和保额限制：意外险中可能设定了免赔额和保额限制，个体应仔细了解这些限制，确保在理赔时能够得到合理的赔付。

了解保费计算方式：不同的意外险产品可能采用不同的保费计算方式，包括按年龄、职业、保额等计算，个体应了解清楚，选择适合自己的保费支付方式。

（三）健康险

1. 健康险的定义与基本特点

健康险，是一种以被保险人因患病或受伤导致的医疗费用、住院费用、手术费用等为保险标的，提供医疗费用补偿的保险形式。其基本特点包括：

全面覆盖医疗费用：健康险主要用于支付因疾病或意外导致的医疗费用，

包括住院费用、手术费用、药品费用等。

可选医疗服务范围：个体可以根据需要选择不同的医疗服务范围，如基本医疗保障、重疾保障、住院津贴等。

保费与年龄相关：健康险的保费通常与被保险人的年龄相关，随着年龄的增长保费可能会有所上升。

2. 适用人群与场景

健康险适用于广泛的人群和场景：

家庭主要经济支柱：对于家庭的主要经济支柱来说，一旦患病可能导致收入减少，购买健康险可以确保在生病时能够得到充分的医疗支持。

长期慢性病患者：长期患有慢性病的个体，健康险可以为其提供全方位的医疗保障，确保获得及时、有效的治疗。

老年人群：随着年龄的增长，患病的风险也增加，老年人购买健康险可以为其提供在老年时期可能需要的医疗费用支持。

3. 注意事项

在购买健康险时，需要注意以下几点：

理解保障范围：不同的健康险产品可能有不同的保障范围，包括基本医疗、重疾保障、住院津贴等，个体应根据自身需求选择适当的保障项目。

关注等待期：一些健康险产品设定了等待期，即在购买后的一段时间内，某些疾病或手术可能不被保险公司承保。个体应仔细阅读保险条款，了解等待期的相关规定。

了解保险赔付方式：健康险的赔付方式包括费用补偿和定额给付两种，个体应了解清楚，选择适合自己的赔付方式。

（四）综合选择与合理搭配

1. 综合选择

个体在购买人身保险时，不同险种的选择应该综合考虑自身的经济状况、生活阶段、职业性质以及家庭状况等多方面因素。通常情况下，寿险、意外险和健康险可以进行综合选择，形成一个全面的保险体系。

2. 合理搭配

寿险、意外险和健康险的合理搭配能够更好地满足个体的保险需求：

青年时期：可以选择购买较多的意外险，因为此时可能面临更多的意外伤害风险。适量购买寿险，作为未来家庭的经济支持。

中年时期：需要考虑加强健康险的购买，因为此时患病的风险增加。保持适量的寿险保障，以保障家庭的经济安全。

老年时期：需要重点关注健康险和寿险，以应对可能的医疗费用和保障家庭长期的财务安全。

寿险、意外险与健康险分别从人的生命周期、不同风险类型出发，提供了全方位的保险保障。在选择时，个体应该根据自身的实际情况，全面评估风险，科学合理地配置这三类保险产品。

二、财产险与责任险

在个体及企业的财务规划中，财产险与责任险作为重要的保险形式，主要用于保护财产安全和承担法律责任。本书将深入探讨财产险与责任险的定义、特点、功能以及如何合理选择和搭配，以实现全面的财务风险防范。

（一）财产险

1. 财产险的定义与基本特点

财产险是一种以财产损失为保险标的，为被保险人提供对财产损失的经济保障。其基本特点包括：

保障财产安全：财产险主要用于保护被保险人的财产安全，包括但不限于房屋、车辆、家具、设备等。

多种险种：财产险可以分为多种险种，如火险、盗窃险、水险等，每种险种都针对不同的风险提供保障。

按实际价值赔付：财产险通常按照财产的实际价值进行赔付，以确保被保险人能够得到合理的经济赔偿。

2. 适用人群与场景

财产险适用于各类个体和企业，特别适用于：

房屋所有者：房屋是重要的资产之一，购买房屋保险可以在火灾、水灾等意外事件发生时提供财产保障。

车主：车辆是常见的财产，购买车险可以为车主提供车辆损失和第三者责任的保障。

企业所有者：企业拥有大量的财产，包括办公设备、仓储物品等，购买商业财产险可以保障企业正常经营。

3. 注意事项

在购买财产险时，个体应注意以下几点：

合理估算财产价值：购买财产险前，个体需要合理估算被保险财产的价值，以确保购买的保额能够覆盖潜在的损失。

了解保险免赔额：不同的财产险产品可能设定了不同的免赔额，个体应仔细了解，以便在理赔时能够获得更多的赔付。

仔细阅读保险条款：财产险的保险条款可能涉及多个方面，包括保险责任、赔付条件等，个体购买前应认真阅读，确保理解并接受其中的规定。

（二）责任险

1. 责任险的定义与基本特点

责任险是一种以被保险人因过失行为导致第三者人身伤害或财产损失为保险标的，提供赔偿责任的经济保障。其基本特点包括：

保障法律责任：责任险主要用于保障被保险人因法律责任而需要承担的经济赔偿责任，包括赔偿第三者的医疗费用、财产损失等。

第三者责任：责任险强调赔偿第三者的责任，而非被保险人自身的财产损失。这包括公共责任险、雇主责任险、产品责任险等。

按事故赔付：责任险通常按事故发生的时间点进行赔付，而非按照被保险人提出的具体赔偿请求。

2. 适用人群与场景

责任险适用于各类个体和企业，特别适用于：

企业经营者：对于经营企业的个体，购买公共责任险可以在经营活动中发生的意外事故导致第三者受伤或财产损失时提供赔偿。

雇主：雇主责任险适用于雇主，可以在雇员在工作中发生意外伤害时提供赔偿。

产品制造商：产品责任险适用于制造商，可以在其生产的产品导致消费者伤害或财产损失时提供赔偿。

3. 注意事项

在购买责任险时，个体应注意以下几点：

理解责任险的保额：责任险通常有最高赔偿限额，个体需要仔细了解不同责任险产品的赔偿限额，以确保足够的赔付能够覆盖潜在的法律责任。

选择适当的责任险类型：责任险包括公共责任险、雇主责任险、产品责任险等多种类型，个体需要根据自身的实际情况选择适当的责任险类型。

了解免赔额和除外责任：责任险可能设定了免赔额和除外责任，个体应仔细了解这些限制条件，以确保在理赔时的权益。

（三）财产险与责任险的搭配

1. 综合防护财务风险

财产险和责任险通常可以进行搭配，实现全面的财务风险防护：

财产险保障财产安全：财产险主要用于保障个体及企业的财产安全，当财产发生意外损失时，能够得到经济赔偿。

责任险承担法律责任：责任险则用于承担因个体及企业过失行为导致的法律责任，包括对第三者人身伤害或财产损失的赔偿。

2. 企业综合保险方案

对于企业而言，常常需要综合考虑财产险和责任险，形成全面的企业保险方案：

商业财产险：保障企业财产的安全，包括办公设备、仓储物品等。

商业责任险：保障企业因运营活动导致的第三者伤害或财产损失的法律责任。

雇主责任险：保障企业雇员在工作中发生的意外伤害，提供雇主的法定责任保障。

3. 个体全面保险规划

对于个体而言，可以根据自身需求综合考虑财产险和责任险，形成全面的个人保险规划：

房屋保险：保障个人房产的安全，包括火灾、水灾等风险。

车险：保障个人车辆的损失和对第三者的法律责任。

个人责任险：保障个人因个人行为导致的法律责任，如意外伤害他人或损坏他人财产。

（四）保险选择与管理建议

1. 合理购买保额

在购买财产险和责任险时，个体需要合理购买保额。对于财产险，要确保购买的保额足以覆盖潜在的损失；对于责任险，要了解不同责任险类型的最高赔偿限额，选择适当的保额。

2. 定期评估保险需求

个体及企业的财产状况和法律责任可能随时间发生变化，因此建议定期评估保险需求。在发生重大生活变化、购置新资产或扩大业务规模时，应重新评估保险计划，确保保险保障的及时性和充分性。

3. 注意保险条款

在购买财产险和责任险时，仔细阅读保险合同中的条款和细则，了解保险责任、免赔额、保险期限、理赔程序等内容。对于不理解的条款，可以向保险公司进行咨询，确保在理赔时能够获得合理的赔偿。

4. 综合考虑保险公司信誉

选择购买财产险和责任险时，除了关注保险费用外，还应综合考虑保险公司的信誉和服务质量。选择有良好信誉和声誉的保险公司，以确保在需要理赔时，能够得到及时、高效的服务。

财产险与责任险作为重要的保险形式，在财务规划中起到了不可替代的作用。通过合理选择和搭配，可以全面防范个体及企业在财产安全和法律责任方面的风险。在未来，随着社会经济的发展和风险环境的变化，个体和企业需要不断优化保险规划，以适应新的挑战和需求。

第三节　家庭保险配置策略

一、家庭成员保险需求的差异

在家庭中，每个成员的生活阶段、经济状况、职业特点都存在差异，因此其保险需求也各不相同。本书将深入探讨家庭成员的保险需求差异，分析不同成员在寿险、意外险、健康险等方面的特殊需求，为家庭综合保险规划提供指导。

（一）家庭主要成员的保险需求分析

1. 适龄子女

（1）寿险需求

适龄子女通常处于成长阶段，其未来可能面临上学、结婚、购房等生活重要节点。购买寿险有以下需求：

教育规划：父母购买寿险，以确保子女在未来的教育费用得以覆盖，即便父母因意外离世，子女的教育也不受影响。

婚嫁支持：在子女结婚时，寿险可以作为一种财务支持，确保子女在新婚生活中有稳定的经济基础。

（2）意外险需求

适龄子女由于活泼好动，更容易遭受意外伤害。购买意外险有以下需求：

学校安全：孩子在学校或户外活动中容易发生意外，购买意外险可为其提供学校期间的保障，包括医疗费用和伤残赔付。

户外活动保障：对于喜欢户外活动的子女，购买意外险能够在他们参与体育、旅行等活动时提供全面的保障。

2. 在职成年子女

（1）寿险需求

在职成年子女通常已步入社会，有稳定的收入和一定的经济压力。购买寿险有以下需求：

家庭负担：若在职成年子女已婚或成家，购买寿险可用于还房贷、支持配偶和子女的生活，以减轻家庭的经济负担。

贷款保障：如果在职成年子女有贷款（如车贷、房贷），寿险可以作为还款的保障，以确保贷款不会成为家庭负担。

（2）健康险需求

在职成年子女工作繁忙，生活压力较大，购买健康险有以下需求：

医疗费用支持：健康险可以为在职成年子女提供更全面的医疗保障，包括住院费用、手术费用等，确保在生病时能够得到及时有效的治疗。

重疾保障：鉴于现代生活中患重大疾病的风险增加，购买健康险中的重疾险可以提供一定程度的保障，确保在面对重大疾病时经济上不至于崩溃。

3. 老年父母

（1）寿险需求

对于老年父母，购买寿险是为了保障其晚年生活，主要需求包括：

生活费用：寿险可以作为老年父母的生活费用保障，确保在其中一方离世后，生活不至于变得困难。

继承财产：若老年父母有一定的财产，购买寿险可以确保财产能够顺利传承给下一代，避免因意外而导致财产纠纷。

（2）健康险需求

老年父母的健康问题更为突出，购买健康险有以下需求：

医疗费用支持：健康险可以为老年父母提供全面的医疗费用支持，包括门诊、住院、手术等，确保在生病时能够得到良好的治疗。

疾病管理：针对老年人常见的慢性病，购买健康险中的慢性病管理险可以提供更专业的健康管理服务，保障其长期健康。

（二）家庭保险规划建议

1. 综合规划

在进行家庭成员保险规划时，建议综合考虑家庭的整体经济状况和不同成员的生活阶段，制定全面的保险规划。

2. 不同阶段灵活调整

随着家庭成员生活阶段的变化，保险规划也需要灵活调整。以下是一些建议：

成长阶段：在子女成长阶段，重点考虑购买教育保险、儿童寿险和儿童意外险，以确保他们在学业和生活中的稳定发展。

职业发展阶段：随着子女步入职业发展阶段，可以适度增加寿险保额，为其未来购房、结婚等生活重要时刻提供财务支持。

老年阶段：针对老年父母，重点关注购买老年人寿险和健康险，以保障其晚年生活的经济需求和医疗支出。

3. 家庭综合保险套餐

考虑购买家庭综合保险套餐，综合包含寿险、意外险和健康险等多个保险产品，以更全面地覆盖家庭成员的风险。

4. 专业咨询

在制定家庭保险规划时，建议寻求专业保险顾问的建议。专业的保险顾问可以根据家庭实际情况提供个性化的保险规划，确保选择的保险产品和保额符合实际需求。

5. 风险管理意识

家庭成员应培养良好的风险管理意识，注重健康生活方式，减少意外伤害的发生，以降低保险索赔的概率。

家庭成员的保险需求因个体差异而异，全面理解每个成员的生活阶段和经济状况，有针对性地购买保险产品，才能更好地应对生活中的各种风险。通过合理规划和适度购买寿险、意外险、健康险等，可以为家庭成员提供全方位的保障，确保在关键时刻能够稳定渡过。

二、如何选择适合家庭的综合保险方案

在现代社会，家庭面临着各种风险，包括意外伤害、重大疾病、财产损失等。选择适合家庭的综合保险方案是一项至关重要的任务。本书将介绍如何科学合理地选择综合保险方案，以全面保障家庭成员在面对各种风险时的经济安全。

（一）了解家庭成员的风险需求

1. 分析家庭成员的生活阶段

子女教育阶段：是否有子女正在上学，是否需要考虑教育保险？

成年子女独立阶段：是否有成年子女已独立生活，是否需要考虑为其购买寿险？

老年父母阶段：是否有老年父母需要额外的健康保障？

2. 评估家庭的财务状况

负债情况：是否有贷款或债务需要偿还，需要考虑购买贷款保险或寿险来覆盖？

财产状况：家庭是否拥有大量财产，是否需要购买财产保险？

（二）综合保险方案的构建

1. 购买寿险作为基础

寿险是家庭综合保险的基础，能够为家庭成员提供长期的保障。选择寿险时需考虑：

保额：根据家庭成员的实际需求确定合适的保额，覆盖子女教育、房贷、生活费用等方面。

附加险种：考虑购买重疾险、意外险等附加险种，以增强保障的全面性。

2. 考虑教育保险

如果家庭有子女在校教育，可以考虑购买教育保险，以确保子女的教育经费得到妥善安排。教育保险通常包括：

学费保障：在子女上大学时提供足够的资金支持。

意外伤害保障：对于学龄儿童，购买包含意外伤害保障的教育保险尤为重要。

3.健康保险的选择

家庭成员的健康状况是综合保险方案中不可忽视的一环。考虑以下方面：

全家健康保险：考虑购买全家健康保险，覆盖全家人的医疗费用。

慢性病保障：对于中老年成员，购买包含慢性病保障的健康险更为重要。

4.财产保险的必要性

财产保险主要涉及家庭的财务安全，根据实际情况考虑：

车险：如果家庭拥有车辆，购买车险可以防范交通事故带来的经济损失。

房屋保险：对于有房产的家庭，购买房屋保险能够应对火灾、水灾等意外情况。

（三）购买综合保险方案的注意事项

1.综合比较不同保险公司的产品

不同保险公司的产品特点和保费可能存在较大差异，建议充分比较各家产品，选择最符合家庭实际需求的方案。

2.注意保险合同的条款

仔细阅读保险合同中的条款，了解保险责任、免赔额、保险期限等重要内容，以避免在理赔时发生纠纷。

3.灵活调整保险方案

家庭状况会随时间发生变化，包括成员的变动、财务状况的变化等，因此综合保险方案需要定期进行调整。

选择适合家庭的综合保险方案需要考虑多个方面，包括家庭成员的生活阶段、财务状况、健康状况等。通过科学合理的规划，可以为家庭提供全面的保障，帮助应对生活中的各种风险。

第七章 投资与理财的收益和风险分析

第一节 风险的界定及其基本特征

一、投资与理财中的不同风险类型

投资和理财是许多人实现财务目标的途径，但在追求收益的同时，也伴随着各种风险。了解不同的风险类型对于制定有效的投资和理财策略至关重要。本书将深入探讨投资和理财中的不同风险类型，包括市场风险、信用风险、利率风险、流动性风险、通货膨胀风险等，并提供相应的风险管理建议。

（一）市场风险

1.定义

市场风险，又称为系统性风险，是由整体市场环境的不确定性引起的风险。它超越个别资产或行业，影响整个市场。市场风险主要源于宏观经济因素、政治事件、自然灾害等外部因素，对所有投资者都产生影响。

2.风险管理建议

多元化投资：分散投资于不同资产类别、地区和行业，可以减轻市场风险对投资组合的冲击。

定期重新平衡：定期检查投资组合，根据市场状况和个人风险偏好进行重新平衡，确保资产配置与投资目标一致。

（二）信用风险

1. 定义

信用风险是指债务人未能按照约定的时间和条件履行还款义务，导致债券或其他债务工具价值下降的风险。它也涉及企业或政府违约的可能性。

2. 风险管理建议

评估债务人信用质量：在投资债券或其他债务工具之前，对债务人进行充分的信用评级和研究，以了解其还款能力和信用状况。

分散信用风险：避免过度集中在某一债务人或行业，通过持有多个发行人的债券来降低信用风险。

（三）利率风险

1. 定义

利率风险是指市场利率波动对投资组合价值的影响。当市场利率上升时，债券价格下降，导致投资者可能面临损失。

2. 风险管理建议

了解利率环境：投资者需要密切关注宏观经济环境，预测市场利率的变化，以做出相应的投资决策。

匹配资产和负债：对于有负债的投资者，将投资组合的持有期限与负债期限相匹配，有助于降低因利率波动而带来的风险。

（四）流动性风险

1. 定义

流动性风险是指投资者在买卖资产时，由于市场上买卖双方的不平衡，导致交易成本上升或者无法迅速完成交易的风险。

2. 风险管理建议

选择流动性好的资产：在投资组合中选择流动性好的资产，能够更容易买卖，降低流动性风险。

设定合理的止损点：在市场波动较大的情况下，设定合理的止损点，以防止因流动性问题导致损失过大。

（五）通货膨胀风险

1.定义

通货膨胀风险是指通货膨胀对货币购买力的影响，导致实际收益下降。通货膨胀可能使投资者的实际收益未能跟上通货膨胀水平。

2.风险管理建议

选择通胀对冲资产：一些资产，如不动产、黄金等，具有一定的通胀对冲作用，投资者可在投资组合中考虑这些资产。

调整投资组合：随着通货膨胀率的变化，调整投资组合中不同资产的权重，以更好地适应通货膨胀环境。

（六）个体风险

1.定义

个体风险是指由于个别公司或个体资产的内部问题，如管理层不善、业务不景气等，导致其价值下降的风险。

2.风险管理建议

充分研究和分析：在选择个别股票或其他资产时，进行充分的研究和分析，了解公司的财务状况、管理层和行业前景。

分散投资：通过持有多个个体资产，降低个体风险对整体投资组合的影响，实现更好的风险分散。

（七）政治风险

1.定义

政治风险是指政治因素对投资的不确定性和潜在威胁。这可能包括政策变化、政府不稳定、法规调整等，对投资环境产生负面影响。

2. 风险管理建议

了解政治环境：投资者需要密切关注所投资国家或地区的政治动向，了解政府政策和法规的变化。

多元化地理风险：将投资分散到不同国家或地区，有助于降低因特定政治事件而带来的影响。

（八）操作风险

1. 定义

操作风险是指由于操作失误、系统故障、人为疏忽等内部因素导致的损失风险。这可能包括错误的交易决策、技术系统故障等。

2. 风险管理建议

建立健全的风险管理体系：确保有完善的操作流程和风险管理系统，规范投资决策和操作流程。

不断提升技能和技术：投资者和理财专业人员需要不断提升自己的专业技能，以降低操作风险。

（九）心理风险

1. 定义

心理风险是指投资者在面对市场波动时产生的情绪波动，包括贪婪、恐惧、焦虑等，导致决策失误的风险。

2. 风险管理建议

保持冷静：投资者在面对市场波动时需要保持冷静，避免被情绪左右，做出过激的决策。

设定明确的投资目标：制定明确的投资目标和计划，有助于降低因情绪波动而带来的风险。

（十）环境和社会风险

1. 定义

环境和社会风险是指企业或投资项目受到环境污染、社会抗议、法规变更等因素的影响，对投资产生负面影响。

2. 风险管理建议

关注可持续投资：考虑投资那些符合环境、社会责任和公司治理（ESG）标准的项目，降低环境和社会风险。

参考社会影响评估：在投资决策中考虑社会影响评估，评估投资项目对社会的潜在影响。

投资与理财中的风险类型是多种多样的，每种风险都有其独特的特点和应对策略。未来，随着全球经济、科技和社会的不断变化，新的风险类型可能不断涌现。因此，投资者需要不断学习、更新风险认知，以适应复杂多变的市场环境。

在制定投资和理财策略时，投资者应该全面考虑各种风险，并采取相应的风险管理措施。多元化投资、定期重新评估投资组合、注意市场动态、保持冷静等都是有效的风险管理方法。此外，了解新兴的风险类型，如环境和社会风险、数字化风险等，也是未来投资者需要关注的重点。

总体而言，理解和管理各种风险类型是投资和理财成功的关键之一。投资者在追求收益的同时，应该保持谨慎和理性，做出明智的投资决策，以实现长期稳健的财务增长。

二、风险与收益的固有关系

风险与收益的固有关系是金融领域中一个基本而重要的原则。这一关系体现了投资决策中的核心挑战：在寻求更高收益的同时，必须承担一定的风险。本书将深入探讨风险与收益之间的紧密关系，分析其基本原理、影响因素以及投资决策中的应对策略。

（一）基本原理

1. 风险定义

在金融领域，风险通常被定义为投资预期回报的不确定性。即，投资者在进行任何投资时都面临着可能获得预期收益，也可能遭受损失的风险。风险的存在源于市场的不确定性、经济波动以及各种外部因素的干扰。

2. 收益定义

收益是投资者在进行资产配置或投资决策后实际获得的盈利。收益可以包括资本增值、利息、股息等，是投资成功的衡量标准之一。

3. 风险与收益的关系

风险与收益之间存在正相关关系，这意味着通常情况下，更高的收益伴随着更大的风险，而较低的风险往往伴随着相对较低的收益。这一关系可以通过风险收益权衡来理解：为了追求更高的收益，投资者必须愿意承受更大的风险；相反，选择低风险资产可能导致较低的预期收益。

（二）影响因素

1. 投资时间

投资的时间跨度是影响风险与收益关系的重要因素。一般而言，长期投资更容忍市场波动，有更多机会从复利效应中获益，因此可能承担较高的风险以追求更大的收益。相比之下，短期投资者可能更注重资本的保值，更倾向于选择较低风险的资产。

2. 投资目标和风险承受能力

不同的投资目标和个体的风险承受能力会显著影响投资者在风险与收益权衡中的取舍。对于追求资本保值和相对稳定收益的投资者，低风险、保守型的投资策略可能更为适合。而对于追求更高长期回报并能够承受短期波动的投资者，更积极的资产配置可能更为合适。

3. 市场环境

市场环境的变化对风险与收益关系产生直接影响。在不同的市场阶段，不同资产的表现可能会发生变化。例如，在牛市中，高风险资产可能表现优异，而在熊市中，低风险资产可能更为稳健。投资者需要根据市场环境调整自己的资产配置，以适应不同的市场趋势。

4. 投资工具和资产类别

不同的投资工具和资产类别具有不同的风险收益特征。股票通常被认为是相对高风险高收益的投资工具，而债券则被视为相对低风险低收益的工具。另外，另类资产如房地产、大宗商品以及新兴市场投资，其风险收益特征也各不相同。

（三）风险与收益的平衡

1. 最大化收益

在追求最大化收益时，投资者通常会选择一些相对高风险的资产，如股票、创业投资等。这样的投资策略可能在牛市中实现显著的收益，但在市场波动较大时，也面临较高的损失风险。

2. 资本保值

对于那些更注重资本保值的投资者，保守型的投资策略更为适宜。选择低风险、稳定收益的资产，如政府债券、定期存款等，以降低投资组合的波动性，确保资本相对安全。

3. 中庸之道

许多投资者采用的是中庸之道，通过多元化投资组合，将高、中、低风险资产结合起来，以平衡整体投资组合的风险与收益。这种方法可以在一定程度上追求较高的收益，同时降低整体投资组合的波动性。

（四）风险管理策略

1. 分散化投资

分散化投资是降低特定资产或行业风险的有效手段。通过将投资分散到不同的资产类别、地区或行业，投资者可以降低整个投资组合受到特定风险的暴露。这种方法有助于平衡不同资产之间的风险，使整个投资组合更为稳健。

2. 确定投资目标和时间框架

投资者应明确自己的投资目标和时间框架，以更好地匹配风险与收益的关系。短期目标和长期目标可能需要采用不同的投资策略。同时，明确的时间框架有助于投资者更好地应对市场波动，避免因短期市场波动而做出仓促决策。

3. 定期调整投资组合

市场环境和投资者的个人状况都会随时间发生变化。定期调整投资组合，根据市场状况和个人需求进行重新配置，有助于适应不同阶段的市场情况，降低整体投资组合的风险。

4. 制定科学的风险管理策略

制定科学的风险管理策略是有效管理风险的关键。这包括设定合理的止损点、根据投资目标确定适当的仓位大小、制定资产配置计划等。科学的风险管理策略有助于防范潜在的损失，确保投资者在市场波动中能够更好地保持理性。

5. 关注宏观经济和市场趋势

对宏观经济和市场趋势的敏感性有助于投资者更好地把握市场的走向。了解全球经济状况、货币政策变化、地缘政治风险等因素，有助于投资者及时调整投资策略，降低因外部因素导致的风险。

第二节　风险分析

一、行业风险与市场风险

行业风险与市场风险是投资领域中两个关键的概念，它们直接影响着投资者在不同领域进行资产配置和投资决策的策略。本书将深入探讨行业风险与市场风险的概念、特征、相互关系以及应对策略，以帮助投资者更全面地理解和应对不同层面的风险。

（一）行业风险的概念与特征

1.行业风险定义

行业风险是指特定行业面临的不确定性和潜在威胁，可能影响该行业内公司的盈利能力和稳定性。这种风险源于行业内部和外部因素，包括供需关系、竞争格局、技术变革、法规变化等。

2.行业风险的特征

行业周期性：不同行业存在不同的生命周期，某些行业可能处于增长阶段，而另一些则可能处于衰退阶段。投资者需要了解所投资行业的生命周期，以更好地应对行业周期性带来的风险。

技术创新：行业中的技术变革可能对公司的竞争地位产生深远影响。投资者需要密切关注技术创新，预测其对行业格局和公司盈利能力的影响。

法规和政策：行业经常受到政府法规和政策的影响，这可能包括环保法规、税收政策、市场准入等。法规的变化可能对行业的经营环境和利润产生直接影响。

（二）市场风险的概念与特征

1.市场风险定义

市场风险是指整个金融市场在宏观层面上面临的不确定性和波动性，包括利率波动、货币波动、宏观经济波动等。市场风险对各类资产都具有普遍性影响。

2.市场风险的特征

系统性风险：市场风险是系统性风险的一部分，它超越个别资产或行业，影响整个市场。它通常由宏观经济因素、政治事件等引起。

市场波动性：市场风险常伴随着市场价格的波动。市场的不确定性和投资者情绪可能导致资产价格的剧烈波动，从而带来市场风险。

利率影响：利率的变化可能影响债券和股票等资产的价格，进而影响整个市场的表现。市场风险与利率变动之间存在密切的关联。

（三）行业风险与市场风险的相互关系

1.影响公司层面的行业风险

公司业绩：行业风险对公司的业绩有直接的影响。例如，如果某一行业整体面临下行风险，公司在该行业的盈利能力可能受到影响。

竞争力：行业风险可能改变行业的竞争格局，对公司的竞争地位产生影响。在激烈的竞争环境中，公司可能更难以保持盈利能力。

2.市场风险对行业影响

资本成本：市场风险通常伴随着资本成本的波动。高市场风险可能导致资本成本上升，这对行业内公司的融资和投资决策产生影响。

投资者信心：市场风险波动可能影响投资者的信心水平。投资者对市场的信心下降可能导致对整个行业的避险行为，影响资本流动和估值水平。

（四）应对策略

1. 行业风险的应对策略

深入研究：投资者应该深入研究所关注的行业，了解其发展趋势、竞争格局、法规变化等。通过充分了解行业，投资者能更好地预测行业风险。

分散投资：将资金分散到不同行业，可以降低特定行业风险对整个投资组合的影响。分散投资有助于平衡不同行业的表现。

灵活调整：行业状况随时可能发生变化，投资者需要灵活调整自己的投资组合，及时应对行业风险的变化。

2. 市场风险的应对策略

多元化投资：多元化投资是应对市场风险的有效策略。通过将资金分散到不同资产类别（如股票、债券、黄金等）和地区，投资者可以降低特定市场风险对整个投资组合的冲击。不同资产类别之间可能存在负相关性，因此在某些市场条件下的亏损可以被其他资产类别的表现弥补。

使用衍生品工具：衍生品工具如期权和期货可以用于对冲市场风险。例如，购买期权合同可以帮助投资者在市场下跌时保护资产，降低潜在损失。

灵活配置仓位：根据市场状况调整资产配置和仓位是一种有效的应对策略。在市场风险较高时，可以减少股票仓位，增加相对较稳健的资产，以降低整体投资组合的风险水平。

行业风险与市场风险是投资过程中不可忽视的两个重要方面。了解这两种风险的概念、特征以及相互关系，有助于投资者更全面地把握市场动态，制定更为有效的投资策略。

在实际投资中，投资者应根据自身的风险偏好、投资目标和市场环境选择适当的应对策略。深入研究行业，多元化投资组合，利用衍生品工具进行对冲，都是有效管理风险的方法。

未来，随着全球经济、科技和政治的不断变化，行业风险和市场风险也将面临新的挑战。投资者需要不断更新对不同行业和市场的理解，灵活调整投资策略，以适应复杂多变的投资环境。在风险与机遇共存的市场中，科学的风险管理将成为投资者取得长期成功的关键因素。

二、个体投资品种的特殊风险

个体投资品种的特殊风险是指与特定资产、行业或公司相关的风险，这些风险在某些情况下可能对投资者的资产产生特别的影响。在投资决策中，了解并有效管理个体投资品种的特殊风险对于投资者至关重要。本书将深入探讨不同类型的个体投资品种特殊风险，包括股票、债券、房地产等，并提出应对策略，以帮助投资者更全面地评估和管理其投资组合。

（一）股票的特殊风险

1. 业务风险

业务风险是指公司自身经营活动所面临的不确定性和挑战。这包括产品竞争性、市场份额、经营管理、供应链问题等。投资者需要关注公司的核心业务，了解其所处行业的竞争格局，以及公司自身在行业中的地位，以评估业务风险。

2. 财务风险

财务风险涉及公司的财务结构、债务水平以及财务健康状况。高负债率、流动性问题、财务报表真实性等都可能对股票的表现产生影响。投资者需要仔细分析公司的财务报表，关注财务指标，确保公司具备健康的财务状况。

3. 市场风险

市场风险是指股票价格受到市场整体波动的影响。宏观经济因素、行业趋势、政治事件等都可能对市场产生影响，从而影响股票价格。投资者需要密切关注市场动态，了解整体经济环境，以及市场对于特定行业和公司的情绪变化。

4. 信息不对称风险

信息不对称风险是指投资者之间在信息获取和理解上存在差异，从而导致市场价格无法完全反映所有信息。某些投资者可能拥有更多的内幕信息或专业知识，导致市场价格波动不一致。投资者需要注意信息不对称可能引发的交易不公平，以及因此而带来的投资机会和风险。

（二）债券的特殊风险

1. 利率风险

利率风险是指市场利率的变动对债券价格的影响。当市场利率上升时，债券价格通常下降，反之亦然。投资者需要关注宏观经济环境和货币政策，以预测未来利率的变动，从而更好地管理债券投资的利率风险。

2. 信用风险

信用风险是指债券发行者无法按时按约支付利息和本金的风险。投资者需要评估债券发行者的信用状况，包括其信用评级、财务健康状况等，以避免投资到可能面临违约风险的债券。

3. 流动性风险

流动性风险涉及投资者在需要卖出债券时，市场上是否存在足够的买家。某些债券可能由于市场交易较少或者市场对其关注度较低而存在流动性不足的问题。投资者需要谨慎选择债券，关注其流动性特征。

4. 通货膨胀风险

通货膨胀风险是指由于通货膨胀导致货币贬值，进而影响债券实际收益的风险。投资者需要考虑通货膨胀对债券购买力的影响，选择能够抵御通货膨胀的债券或通过多元化投资来降低通货膨胀风险。

（三）房地产的特殊风险

1. 市场周期风险

房地产市场往往呈现周期性波动。投资者需要了解当前所处的市场周期阶段，以预测未来房地产市场的发展趋势。市场周期的不确定性可能导致投资者在某些时期面临价格下跌、供应过剩等风险。

2. 利率风险

利率风险同样影响房地产投资。上升的利率可能导致贷款成本上升，购房成本增加，从而对房地产市场产生负面影响。投资者需要关注货币政策和利率变动，以更好地管理房地产投资的利率风险。

3. 地区和地产类型风险

不同地区和不同类型的房地产可能面临不同的风险。例如，商业地产可能面临租户稳定性的挑战，而住宅地产可能受到当地经济状况和人口流动的影响。投资者需要根据具体地区和地产类型的特点，谨慎评估潜在的地区和地产类型风险。

4. 建筑质量和维护风险

在房地产投资中，建筑质量和维护问题可能对资产价值和投资回报产生重要影响。投资者需要进行全面的尽职调查，了解建筑物的质量状况、维护历史以及可能的潜在问题，以减少因此而带来的风险。

（四）其他投资品种的特殊风险

1. 大宗商品的供需风险

大宗商品包括黄金、石油、铜等，其价格往往受到全球供需关系的影响。投资者需要关注全球经济状况、地缘政治因素以及天然灾害等事件对大宗商品市场的潜在影响，以更好地评估供需风险。

2. 期货交易的杠杆风险

期货交易通常涉及杠杆，这意味着投资者可以用相对较少的资本控制较大的交易头寸。然而，杠杆也带来了潜在的高风险和高回报。投资者在期货交易中需要谨慎管理杠杆，以避免过度风险暴露。

3. 创业投资的创业家和市场风险

在创业投资中，投资者投资初创公司，面临创业家团队的能力、市场接受度等不确定性。创业投资可能涉及高风险和高回报，投资者需要深入了解创业公司的业务模式、市场潜力以及创始团队的能力，以更好地管理创业投资的特殊风险。

4. 外汇市场的汇率风险

外汇市场的投资涉及不同货币之间的汇率波动。汇率的变动可能对投资产生直接影响，尤其是跨国投资者。投资者需要考虑全球宏观经济状况、货币政策变化以及地缘政治风险，以更好地管理汇率风险。

（五）应对策略

1. 充分研究和尽职调查

对于每一种投资品种，投资者都应该进行充分的研究和尽职调查。这包括对公司、行业、市场和宏观经济状况的深入分析。通过了解投资品种的基本面和潜在风险，投资者可以做出更明智的投资决策。

2. 分散投资

分散投资是有效管理特殊风险的策略之一。将资金分散到不同类型的资产、行业、地区和投资品种中，可以降低单一投资的影响，从而提高整体投资组合的稳健性。

3. 设定合理的风险管理策略

在投资过程中，设定合理的风险管理策略至关重要。这包括设定适当的止损点、确定仓位大小、制定风险控制规则等。通过建立科学的风险管理框架，投资者能够更好地应对特殊风险的挑战。

4. 关注市场动态

及时了解和关注市场动态对于投资者应对特殊风险至关重要。通过关注新闻、经济数据、行业报告等信息源，投资者可以更敏锐地察觉到潜在的风险因素，并做出相应的调整。

个体投资品种的特殊风险是投资过程中不可避免的挑战。了解和管理这些特殊风险对于投资者成功构建稳健的投资组合至关重要。通过深入研究、分散投资、科学的风险管理策略以及及时关注市场动态，投资者可以更好地应对个体投资品种的特殊风险，提高投资的成功概率。在未来，随着市场和经济的不断变化，投资者需要不断更新知识，灵活调整投资策略，以适应复杂多变的投资环境。

第三节　风险的衡量

一、波动率与标准差的计算

波动率和标准差是金融领域中常用的两个概念，它们用于衡量资产价格或投资组合收益的波动程度。在投资和风险管理中，了解和计算波动率与标准差对于量化风险、制定投资策略以及优化资产配置至关重要。本书将深入探讨波动率与标准差的概念、计算方法，并探讨其在金融领域的应用。

（一）波动率的概念

1. 定义

波动率是一个统计指标，用于衡量价格或收益率的波动程度。在金融领域，波动率通常用来度量资产价格的不稳定性或变动幅度。高波动率表示价格波动较大，低波动率则表示价格相对稳定。

2.类型

在金融领域，常见的波动率类型包括：

历史波动率：基于过去一段时间内的价格数据计算得出，反映了资产实际的价格波动情况。

未来波动率：也称为隐含波动率，是市场对未来资产价格波动的预期，通常通过期权价格的隐含波动率推导而来。

（二）标准差的概念

1.定义

标准差是一种度量数据分散程度的统计量，它衡量一组数据的平均值与每个数据点的差异。在金融领域，标准差常用于衡量资产价格或投资组合收益的波动程度。

2.计算方法

标准差的计算包括以下步骤：

计算每个数据点与平均值的差值。

对这些差值进行平方。

计算平方差的平均值，即方差。

取方差的平方根，得到标准差。

标准差越大，表示数据的离散程度越高，数据点相对于平均值的分散程度也越大；反之，标准差越小，表示数据相对较集中，数据点相对平均值的分散程度较小。

标准差在统计学和金融领域等多个领域中被广泛应用，它有助于分析和比较不同数据集的稳定性和波动性。在投资组合管理中，标准差常被用作风险的度量指标，用于评估资产或投资组合的波动性，从而帮助投资者做出更加明智的投资决策。

（三）波动率的计算方法

1.历史波动率的计算

历史波动率是一种用来衡量金融资产价格波动性的指标，它反映了一定时期内资产价格的波动水平。一般而言，历史波动率是通过计算资产收益率的标准差来衡量的。

历史波动率的计算通常分为以下步骤：

收集数据：收集一段时间内的资产价格数据。

计算日收益率：使用每日收盘价计算每日的对数收益率。

计算平均日收益率：对每日的收益率求平均值。

计算每日收益率与平均日收益率的差值，然后平方。

计算平方差的平均值。

取平均值的平方根，得到历史波动率。

2.隐含波动率的计算

隐含波动率通常通过期权定价模型（如布莱克 - 斯科尔斯模型）来推导。由于期权价格的变动与隐含波动率相关，可以通过反推期权价格中的波动率参数，从而得到隐含波动率。

（四）应用场景

1.风险管理

波动率和标准差在风险管理中发挥着重要作用。投资者可以使用这些指标来衡量投资组合的波动性，进而制定风险控制策略。较高的波动率和标准差可能需要更谨慎的风险管理策略，以防止大幅损失。

2.投资策略

投资者可以根据波动率和标准差的变化调整其投资策略。在波动率较低时，投资者可能更愿意采取激进的投资策略，寻求高回报；而在波动率较高时，可能更倾向于保守的资产配置，以规避潜在的风险。

3. 期权交易

期权定价模型中的隐含波动率是期权交易中的重要参数。投资者可以通过比较市场观察到的隐含波动率与历史波动率，来判断市场对未来波动性的预期。这有助于投资者做出更明智的期权交易决策，选择合适的期权策略。

4. 资产配置

在资产配置中，了解不同资产的历史波动率和标准差可以帮助投资者构建更为均衡的投资组合。通过将具有不同波动性的资产组合在一起，投资者可以降低整体投资组合的风险水平，并在风险和回报之间找到合适的平衡点。

5. 量化交易

在量化交易中，波动率和标准差常被用作交易策略的信号指标。例如，某些交易算法可能会根据波动率的变化调整交易仓位，或者根据标准差的水平执行风控措施。这些指标在量化交易中有助于自动化决策，提高交易效率。

波动率与标准差作为金融领域中常用的风险度量工具，在投资、风险管理和交易中扮演着重要的角色。通过计算历史波动率和标准差，投资者可以更好地了解资产价格或投资组合收益的波动程度，从而制定更为科学的投资决策。

未来，随着金融市场和技术的不断发展，波动率和标准差的计算方法和应用场景可能会进一步演进。对于投资者来说，持续学习和更新知识，熟练掌握波动率与标准差的计算方法，将有助于更好地理解和应用这两个关键的风险指标。

二、投资组合风险的度量方法

投资组合风险度量是投资管理中至关重要的一环。投资者在构建投资组合时面临着多种风险，包括市场风险、特有风险、流动性风险等。为了更好地理解和管理这些风险，需要使用有效的度量方法。本书将深入探讨投资组合风险的度量方法，包括传统的标准差法、变异系数法、VaR（Value at Risk）等，以及近年来的风险平价方法。

（一）投资组合风险的基本概念

在投资组合中，风险是指预期收益与实际收益之间的差异，即投资者所面临的损失可能性。风险度量的目的是衡量投资组合的波动性和不确定性，以更好地了解可能的损失范围，并制定相应的风险管理策略。以下是投资组合风险的一些基本概念：

1. 总体风险

总体风险是指投资组合所面临的整体不确定性和波动性。它包括市场风险、特有风险以及其他可能影响投资组合价值的因素。

2. 系统性风险与非系统性风险

系统性风险是与整个市场相关的风险，通常由宏观经济因素、政治因素等引起。非系统性风险是与特定资产或行业相关的风险，通常可以通过分散投资来降低。

3. 波动性

波动性是投资组合收益或价格的变动幅度。波动性越大，表明投资组合风险越高，投资者面临更大的不确定性。

（二）传统的投资组合风险度量方法

1. 标准差法

标准差是最常用的风险度量方法之一，它衡量一组数据的波动程度。对于投资组合，标准差表示投资组合收益的波动性。计算标准差的步骤包括：

计算每个资产的日收益率。

计算投资组合的日收益率。

计算投资组合的标准差。

标准差法的优势在于简单易用，能够直观地反映投资组合的风险水平。

然而，它假设资产收益率呈正态分布，且忽略了资产之间的协同关系。

2. 变异系数法

变异系数是标准差与均值的比率，用于衡量相对风险。

变异系数法可以用于比较不同投资组合的相对风险水平，使得投资者能够更全面地评估投资组合的风险和回报。

（三）价值风险度量方法

1.Value at Risk（VaR）

VaR 是一种衡量投资组合风险的方法，它表示在一定置信水平下，投资组合可能面临的最大损失。VaR 的计算基于历史模拟、蒙特卡洛模拟等方法。例如，5% VaR 表示在 95% 的置信水平下，投资组合的损失不会超过该数值。

VaR 的优势在于提供了一个在一定置信水平下的风险估计，使投资者能够更直观地了解潜在的最大损失。然而，VaR 也存在一些争议，例如它对尾部风险的处理不够敏感，可能低估了极端事件的概率。

（四）风险平价方法

1. 风险平价理论

风险平价理论认为，投资组合中每个资产所贡献的风险应该是相等的。它强调的是通过平等分配风险来构建投资组合，以实现更均衡的风险收益。风险平价投资组合的构建基于协方差矩阵，以确保每个资产在组合中的风险贡献相等。

2. 风险平价方法的优势

风险平价方法的优势在于考虑了资产之间的协同关系，更加全面地考虑了投资组合的整体风险。它有助于降低特定资产带来的系统性风险，提高投资组合的抗风险能力。与传统的均值方差优化方法相比，风险平价方法更适用于非正态分布和尾部风险较大的情况。

（五）投资组合风险度量的综合应用

1. 综合度量方法

在实际投资组合管理中，常常采用多种度量方法综合评估投资组合风险。综合度量方法能够更全面地理解投资组合的风险特征，确保风险度量不仅仅依赖于单一方法，从而提高风险评估的准确性。

2. 应用因子模型

因子模型是一种常用于解释资产或投资组合收益的方法。通过引入一些解释性因子（如市场因子、风格因子等），因子模型可以更好地解释投资组合的风险来源。基于因子模型的风险度量方法可以更准确地识别和解释不同因子对投资组合的贡献。

3. 压力测试

压力测试是一种通过对投资组合进行不同市场环境下的模拟，来评估投资组合在各种极端情况下的表现的方法。这有助于投资者更好地理解投资组合在不同市场环境中的抗压能力，以及在极端情况下可能面临的潜在损失。

（六）投资组合风险度量的挑战与未来发展

1. 数据不确定性

风险度量的准确性高度依赖于输入数据的质量。在面对市场的快速变化和不断出现的新情况时，数据的不确定性可能导致风险度量的偏差。因此，投资者需要不断更新数据，并使用稳健的方法来处理数据的不确定性。

2. 非线性关系

传统的风险度量方法通常基于线性假设，而在实际市场中，资产之间的关系可能是非线性的。因此，对于非线性关系的更好理解和建模将成为未来投资组合风险度量研究的一个重要方向。

3. 多期风险度量

随着投资者关注长期投资目标的增加，多期风险度量变得更为重要。传统的单期度量方法难以捕捉到投资组合在长期内的动态变化。因此，未来的研究可能会更加注重多期风险度量方法的发展。

4. 整体风险评估

投资组合风险度量不仅仅应该关注单一的风险度量指标，还需要综合考虑不同度量方法的结果，以及其他因素对投资组合风险的影响。整体风险评估有助于投资者更全面地理解投资组合的风险状况。

投资组合风险的度量是投资管理中的核心任务之一。不同的度量方法各有优势和局限性，投资者在选择方法时需要考虑投资目标、市场环境和投资哲学等因素。综合应用多种度量方法，并注重因子模型、压力测试等维度的考虑，能够更全面地评估投资组合的风险。未来，随着金融市场的不断发展和投资理论的深入研究，投资组合风险度量方法将不断创新和完善，以适应市场的复杂变化。投资者需要保持对新方法的关注，灵活运用不同的度量工具，以更好地应对投资组合管理中的各种风险挑战。

第四节　收益和风险的关系

一、投资组合的有效边界

（一）概述

投资组合理论是现代金融学中的重要理论之一，由马科维茨（Harry Markowitz）于 20 世纪 50 年代初提出。投资组合的有效边界是这一理论的核心概念之一，它描述了在给定风险水平下，投资者可以期望获得的最大收益。本书将深入探讨投资组合的有效边界，从理论基础到实际应用，探讨其在投资决策中的重要性。

（二）投资组合理论基础

1. 马科维茨的投资组合理论

马科维茨提出的投资组合理论以风险和回报的权衡为基础，强调通过构建多元化的投资组合来降低风险。他认为，投资者在做出投资决策时应该考虑整个投资组合的风险和收益，而不仅仅是单个资产的特征。

2. 投资组合的风险和收益

投资组合的风险不仅仅取决于其中每个资产的风险，还受到这些资产之间相关性的影响。相关性较低的资产有助于实现风险的分散，从而降低整个投资组合的波动性。而投资组合的收益则是各个资产权重的加权平均。

3. 效用函数

为了更全面地考虑投资者对风险和回报的偏好，马科维茨引入了效用函数的概念。效用函数代表了投资者在不同风险水平下对收益的偏好程度。投资者的最优投资组合是在给定风险水平下，使效用函数取得最大值的投资组合。

（三）有效边界的定义与特征

1. 有效边界的定义

有效边界是指在给定风险水平下，投资者可以期望获得的最大收益的投资组合构成的边界。在有效边界上的投资组合被认为是有效的，因为它们提供了在给定风险水平下最大的期望收益。

2. 有效边界的特征

最大化效用：有效边界上的投资组合是在给定风险水平下，获得最大期望效用的组合。这里的效用是投资者对风险和回报的整体偏好。

无套利机会：有效边界上的投资组合不应存在无风险的套利机会，否则投资者可以通过调整权重来获得更高的收益，而不增加风险。

全投资：投资组合在有效边界上应该是全投资的，即所有的资金都被投资，不持有现金。这是为了确保投资者充分利用了所有可用的投资机会。

（四）构建有效边界的方法

1. 马科维茨均值方差模型

马科维茨均值方差模型是构建有效边界的经典方法之一。该模型通过考虑资产之间的协方差矩阵，以及资产的期望收益和风险，通过数学优化方法找到最优的投资权重，使得在给定风险水平下获得最大期望收益。

2. 蒙特卡洛模拟

蒙特卡洛模拟是一种基于随机抽样的方法，用于模拟大量可能的投资组合，并评估它们在风险和收益上的表现。通过生成大量随机投资组合，投资者可以更全面地了解投资组合的分布情况，从而找到有效边界上的投资组合。

3. 利用技术分析

在构建有效边界时，一些投资者也会考虑利用技术分析的方法。技术分析通过对历史价格和交易量等数据进行分析，试图识别未来市场走势。技术分析与传统的基本面分析结合，可以在投资组合构建中提供额外的信息。

（五）有效边界在实际投资中的应用

1. 资产配置

有效边界对于资产配置决策具有指导意义。投资者可以通过在有效边界上选择合适的投资组合来实现在给定风险水平下获得最大期望收益的目标。这有助于优化投资组合的配置，提高长期投资收益。

2. 风险控制

有效边界不仅提供了在给定风险水平下最优的投资组合，还有助于投资者理解不同投资组合的风险水平。通过调整投资组合的权重，投资者可以灵活地控制整体投资组合的风险。

3. 业绩评估

投资者可以使用有效边界来评估其投资组合的业绩。通过比较实际投资组合的收益和风险水平与有效边界上的预期业绩，投资者可以判断其投资策略的相对优劣，从而调整投资组合的配置。

4. 风险调整收益

有效边界也为投资者提供了一个更全面的风险调整收益的视角。通过比较不同投资组合的夏普比率（Sharpe Ratio），投资者可以了解在单位风险下获得的收益，从而更好地评估投资组合的表现。

（六）有效边界的挑战与未来发展

1. 数据不确定性

构建有效边界时，对于资产的期望收益和协方差矩阵的估计都依赖于历史数据，而这些数据具有一定的不确定性。未来的市场环境可能与历史不同，因此模型对未来的预测可能存在偏差。

2. 非正态分布

传统的有效边界构建方法通常基于对资产收益率的正态分布的假设。然而，实际市场中的资产收益率往往呈现出非正态分布的特征，这可能导致在极端情况下风险的被低估。

3. 动态调整

有效边界通常是基于静态的数据估计得出的，而市场是动态变化的。因此，如何在投资组合管理中动态地调整有效边界，以适应市场的变化，是一个值得探讨的问题。

4. 考虑因子模型

未来的研究可能会更加强调因子模型在有效边界构建中的应用。通过引入不同的因子，如市场因子、风格因子等，可以更好地解释资产之间的关系，提高模型的准确性。

投资组合的有效边界作为现代金融理论中的重要概念，为投资者提供了一个有力的工具来优化资产配置、控制风险、评估业绩。然而，构建有效边界仍然面临一系列挑战，包括数据不确定性、非正态分布、动态调整等问题。未来的研究将需要更加注重新的方法和技术的应用，以更好地适应复杂多变的市场环境。

在实际应用中，投资者应该综合考虑有效边界的理论基础、模型假设以及市场实际情况，灵活运用有效边界的工具来指导投资决策。同时，随着金融技术和数据科学的发展，投资者还可以利用更先进的方法和工具来构建更精确、更实用的有效边界，实现更好的投资组合表现。

二、如何平衡收益与风险

在投资领域，平衡收益与风险是投资者面临的一项重要任务。投资的本质是权衡风险与回报，以实现投资目标。本书将深入探讨如何在投资决策中有效平衡收益与风险，包括理论基础、实际策略、风险管理等方面的关键考量。

（一）理论基础

1. 马科维茨均值方差模型

马科维茨提出的均值方差模型是现代投资组合理论的奠基之作。该模型通过考虑资产之间的协方差和期望收益，帮助投资者构建风险与回报之间的权衡。投资者可以通过优化投资组合权重，找到在给定风险水平下获得最大期望收益的投资组合，形成有效边界。

2. 风险溢价理论

风险溢价理论认为，投资者在承担更高风险时应该期望获得更高的回报。这一理论强调了风险与回报之间的正相关关系。投资者可以通过分散投资、选择高风险高回报资产等方式来寻求平衡。

3. 效用理论

效用理论强调投资者对风险和回报的个体偏好。效用函数被用来量化投资者在不同风险水平下对收益的偏好程度。投资者最优的投资组合是在给定效用函数的情况下，使效用最大化的组合。

（二）实际策略

1. 多元化投资

多元化是降低投资组合整体风险的有效策略之一。通过将资金投资于不同资产类别、行业、地区等，投资者可以在某些资产面临不利情况时，通过其他资产的表现来平衡整体风险。

2. 资产配置

资产配置是指在不同资产类别之间分配资金的过程。投资者可以根据自己的风险偏好和投资目标，在股票、债券、房地产等不同资产之间进行合理的分配，以实现风险与回报的平衡。

3. 动态平衡

市场环境不断变化，投资者需要实施动态平衡策略。这包括定期重新评估投资组合，根据市场变化和投资目标的变化进行调整。动态平衡有助于投资者更灵活地应对市场风险。

（三）风险管理

1. 止损策略

止损是一种常见的风险管理策略，即设定在资产价格下跌到一定程度时自动卖出的阈值。通过设定明确的止损点，投资者可以在市场出现剧烈波动时及时减小损失，保护投资本金。

2. 保险策略

购买金融衍生品、期权或其他保险工具是一种对冲风险的方法。这些工具可以在市场发生不利变化时提供一定程度的保护，尽管它们可能需要支付一定的成本。

3. 风险评估与监测

定期进行风险评估和监测是有效的风险管理手段。投资者可以利用各种风险指标、波动率等工具来评估投资组合的整体风险水平，以及不同资产在组合中的风险贡献。

（四）心理因素

1. 投资目标与期望

投资者的投资目标和期望收益是影响其平衡收益与风险的重要心理因素。不同的投资目标可能需要不同的投资策略，而期望收益的设置会影响投资者对风险的容忍度。

2. 时机与耐心

投资的时机和投资者的耐心也是影响平衡收益与风险的关键因素。短期内的市场波动可能会引发投资者的恐慌，但耐心和长期的投资观念有助于避免因短期波动而做出仓促决策。

（五）未来发展趋势

1. 量化投资与人工智能

随着科技的发展，量化投资和人工智能在投资决策中的应用越来越广泛。通过算法模型和大数据分析，投资者可以更准确地估计风险和收益，实现更为精细化的投资组合管理。

2. 社会责任投资

社会责任投资（ESG 投资）考虑了环境、社会和公司治理等因素。越来越多的投资者将社会责任纳入投资决策，通过选择符合可持续发展标准的资产来平衡收益与风险。

3. 数字资产与加密货币

数字资产和加密货币等新兴资产类别的出现，为投资者提供了更多选择。然而，这些资产的高波动性也带来了更大的风险。投资者需要审慎考虑其在投资组合中的比重，以平衡潜在的高回报和高风险。

4. 环境变化与气候风险

气候变化和环境问题逐渐成为投资决策的重要考量。投资者在选择投资组合时需要考虑气候风险，尤其是与气候变化相关的行业，以确保其投资组合在未来环境变化中的抗风险能力。

平衡收益与风险是投资决策的核心任务，需要综合考虑理论基础、实际策略、风险管理、心理因素等多个方面。投资者在追求高收益的同时，要保持对风险的敏感性，注重多元化投资、灵活的资产配置以及有效的风险管理。随着科技的不断发展和社会环境的变化，投资者需要不断更新自己的投资策略，采用更为创新和适应性强的方法来平衡收益与风险，以实现长期的投资目标。在未来，随着可持续投资和新兴技术的兴起，投资者将面临更多选择和更为复杂的市场环境，因此提高投资决策的智能化和灵活性将变得尤为重要。

第八章　投资与理财风险防范

第一节　防范投资风险的观念

一、风险意识与理财规划的关系

风险意识是个体对潜在风险的敏感性和认知程度，而理财规划是通过系统性的方法规划和管理个体财务生活。这两者之间存在密切的关系，因为理财规划需要充分考虑个体面临的各种风险，以制定合理的财务决策。本书将深入探讨风险意识与理财规划之间的关系，阐述在理财过程中如何根据风险意识进行科学合理的规划。

（一）风险意识的概念和重要性

1. 风险意识的定义

风险意识是个体对于潜在危险或不确定性的敏感性和认知程度。它涉及对可能发生的风险事件的感知、理解和评估，以及个体对这些风险事件可能造成的影响的认知。

2. 风险意识的重要性

保护财富：风险意识使个体更加警觉可能导致财务损失的风险，从而采取相应的措施，保护已有的财富。

合理决策：具有良好风险意识的个体更倾向于进行全面的风险评估，能够做出更为理性和合理的财务决策。

适应环境变化：风险意识使个体更容易适应经济、社会和个人生活中的变化，因为他们能够更好地理解并应对不确定性。

（二）风险意识对理财规划的影响

1. 风险评估

风险意识是进行风险评估的前提。在理财规划中，个体需要评估各种财务决策可能面临的风险，包括市场风险、职业风险、健康风险等。只有具备良好的风险意识，个体才能准确地识别并评估潜在风险。

2. 制定适应性计划

风险意识有助于个体制定更为适应性的理财计划。通过深入了解可能的风险，并预留相应的应对措施，个体能够更好地应对不同场景下的财务挑战。

3. 确定财务目标

风险意识有助于个体更清晰地确定财务目标。了解可能面临的风险帮助个体更加谨慎地制定目标，并在目标实现的过程中考虑到各种可能的风险因素。

（三）风险意识的培养和提升

1. 教育和信息

个体可以通过教育和获取相关信息来提升风险意识。学习理财知识、关注经济动态、了解市场趋势等都是培养风险意识的途径。

2. 经验积累

通过积累实际经验，个体能够更好地理解和感知风险。在实际的理财过程中，逐渐形成对不同风险的敏感性，有助于提升风险意识。

3. 专业咨询

寻求专业理财顾问的帮助也是提升风险意识的一种途径。专业理财顾问能够为个体提供专业的风险评估和建议，引导其在理财规划中更全面地考虑各种风险因素。

（四）风险意识在不同阶段的重要性

1. 青年期

在青年期，个体通常更加注重财富积累和投资。良好的风险意识有助于他们在投资过程中理性决策，避免盲目追求高回报而忽视风险。

2. 中年期

中年期可能面临家庭、子女教育、养老等多重责任。具备风险意识的个体能够更好地规划家庭财务，面对职业风险、健康风险等做出更明智的选择。

3. 老年期

在老年期，个体通常更注重财务保值和退休生活的质量。对各种风险的认知使其能够更好地调整资产配置，确保在退休生活中享受相对稳定的财务状态。

（五）风险意识与心理因素

1. 损失厌恶

风险意识与损失厌恶有密切联系。个体通常更容易在面临潜在损失时表现出谨慎的态度，这与对风险的敏感性紧密相连。损失厌恶使得个体更加谨慎地处理投资决策，从而在理财规划中更加重视风险管理。

2. 时间偏好

个体的时间偏好也会影响其风险意识。对于那些更关注短期回报的个体，可能更容易忽略潜在的长期风险；而对于更注重长期财务目标的个体，可能更倾向于深入评估和规遍各种风险。

3. 信息获取和处理

不同个体在信息获取和处理上存在差异，这会影响其风险意识。一些个体可能更加主动地寻求各类财经信息，对市场变化有更为敏锐的感知，从而形成更全面的风险认知。

（六）风险意识在不同领域的体现

1. 投资领域

在投资领域，风险意识对于个体的投资决策至关重要。投资者需要在追求高回报的同时，明智地选择投资标的，考虑分散投资，以及随时调整投资组合，以应对市场波动。

2. 职业领域

在职业领域，个体需要面对职业风险、工作变动、失业等不确定性。具备良好的风险意识可以帮助个体更好地规划职业发展，提前准备职业变动可能带来的挑战，以及选择合适的职业培训和发展方向。

3. 健康领域

在健康领域，风险意识涉及对潜在健康风险的认知，以及采取积极的健康管理和预防措施。个体需要认识到生活方式、饮食、运动等方面的选择与健康风险之间的关系，从而做出更有利于身体健康的决策。

（七）风险意识的局限性

1. 概率偏差

个体在评估风险时可能存在对概率的偏差，即高估或低估潜在风险发生的可能性。这可能导致个体在制定理财规划时对某些风险的忽视或过分关注。

2. 情感影响

个体的情感状态可能影响其对风险的感知和评估。在情感较为激动或紧张的情况下，个体可能更容易做出冲动的财务决策，而忽视一些潜在的风险。

3. 时间偏差

个体可能更关注即时的回报和风险，而忽略长期的潜在风险。这种时间偏差可能导致个体在长期理财规划中对某些风险的低估，从而影响财务决策的长期效果。

　　风险意识与理财规划之间存在着紧密的关系，良好的风险意识是制定科学合理的理财规划的基础。理财规划需要全面考虑个体面临的各种风险，包括金融市场波动、职业变动、健康问题等。个体通过不断提升风险意识，可以更全面地认知潜在风险，有针对性地制定财务目标，并在不同阶段灵活调整理财计划。然而，风险意识也存在一定的局限性，如概率偏差、情感影响和时间偏差等，这些因素可能影响个体对风险的准确评估。

　　在培养和提升风险意识时，个体可以通过多方面的途径，包括教育和信息获取、经验积累以及专业咨询。这些方法有助于个体更全面地了解和认知不同领域的风险，提高对风险的敏感性，从而更好地应对不确定性。

　　在不同阶段，风险意识对理财规划的重要性也会有所不同。在青年期，个体可能更注重投资和财富积累，需要更多地关注市场风险；而在中年和老年期，个体可能更注重职业和健康风险，需要更加全面地规划家庭和养老财务。

　　同时，风险意识在不同领域的体现也需要个体在实际生活中进行深入思考。在投资领域，个体可以通过多元化投资、定期调整投资组合来降低风险；在职业领域，个体可以通过职业培训、规划职业发展路径来减轻职业风险；在健康领域，个体可以通过良好的生活习惯、定期体检来管理健康风险。

　　总的来说，风险意识是理财规划的基石，它对于个体在不同领域做出明智决策、规遍财务生活具有重要作用。通过培养和提升风险意识，个体能够更好地理解潜在的风险，有针对性地进行理财规划，从而更好地实现财务目标。在未来，随着社会、经济和科技的不断发展，个体需要不断更新自己的风险意识，灵活调整理财策略，以更好地适应复杂多变的环境。

二、避免过度追求高收益的心态

　　在金融投资领域，投资者通常希望获得最大的回报，追求高收益是一个普遍存在的心态。然而,过度追求高收益可能导致投资者陷入高风险、不理智的决策,进而面临潜在的财务损失。本书将深入探讨避免过度追求高收益心态的重要性,以及实现平衡、理性投资的策略和方法。

(一)过度追求高收益的心态

1.高收益诱惑

高收益通常与高风险相伴随,但一些投资者由于对高回报的诱惑,可能会忽视或低估潜在的风险。这种心态可能来源于对短期收益的追逐、市场炒作的影响,以及对未来财务状况过于乐观等因素。

2.风险无视

过度追求高收益的投资者往往倾向于低估或忽视投资中的潜在风险。他们可能忽略市场波动、宏观经济不确定性、行业变化等因素,只专注于眼前的高回报,而忽略了可能出现的风险。

3.忽略投资目标

有些投资者可能过于关注短期高收益,而忽略了自己的长期投资目标。这种心态可能导致投资者在短期内获得一些看似高收益的投资,但却偏离了长期财务规划的方向。

(二)过度追求高收益的风险

1.不理性决策

过度追求高收益的心态容易导致投资决策的不理性。投资者可能在缺乏深入研究和风险评估的情况下,匆忙做出决策,从而增加了投资组合的不稳定性。

2.高风险高波动性

追求高收益通常伴随着高风险和高波动性。投资者如果无法承受高波动性带来的压力,可能在市场波动时做出过度激进或恐慌性的决策,导致损失。

3. 未平衡投资组合

过度追求高收益可能导致投资组合缺乏平衡，过于集中在某一资产或行业上。一旦该资产或行业遭受不利因素影响，整个投资组合可能面临较大的损失。

（三）实现平衡投资的策略

1. 明确投资目标

为避免过度追求高收益，投资者首先需要明确自己的投资目标。这包括短期和长期的财务目标，以及对风险承受能力的清晰认识。投资者应该根据目标制定相应的投资策略，而非盲目追逐高回报。

2. 多元化投资

多元化投资是避免风险的有效手段。通过在不同资产类别、行业、地区等方面进行分散投资，投资者可以降低整体投资组合的波动性，避免过度集中在某一领域。

3. 合理配置资产

在配置资产时，投资者需要综合考虑不同资产的风险和回报。根据自身的风险偏好和投资目标，合理分配资产权重，确保投资组合在整体上具有平衡性。

4. 定期重新评估

市场环境和投资者的个人状况都在不断变化，因此需要定期重新评估投资组合。投资者应该随时关注市场动态、调整资产配置，以确保投资组合与当前市场环境和个人目标相适应。

（四）培养理性投资心态

1. 透明信息获取

投资者应该通过透明、全面的信息获取来支持他们的决策。了解市场动态、公司业绩、宏观经济状况等信息，有助于形成更全面、客观的投资判断。

2. 长期投资观念

培养长期投资观念是避免过度追求高收益的关键。投资者应该关注资产的长期潜在价值，而非仅仅关注短期的市场波动和瞬时的高回报。

3. 情绪管理

投资中很容易受到情绪的影响，如贪婪和恐惧。理性投资者需要学会管理情绪，不被短期的市场波动左右，保持冷静和清醒的头脑，以避免在市场情绪波动时做出冲动的投资决策。

4. 风险管理策略

建立有效的风险管理策略是投资者避免过度追求高收益的重要手段。这包括设置止损点、制定风险控制规则、分散投资等方法，以在市场波动时保护投资资金。

5. 理性预期回报

投资者应该制定理性的预期回报，并根据自身的投资目标和风险承受能力来确定合理的回报期望。理性的预期有助于降低对不现实高回报的追求。

在金融投资中，过度追求高收益的心态是一个容易陷入的陷阱。投资者需要认识到高收益通常伴随高风险，理性看待回报和风险之间的关系。为了避免过度追求高收益的心态，投资者可以采取多元化投资、合理配置资产、定期重新评估投资组合等策略。

理性投资需要建立在明确的投资目标和风险偏好的基础上，通过透明信息获取、长期投资观念、情绪管理、风险管理策略等手段来规避投资中的不理性决策。通过实现平衡的投资组合，投资者可以更好地抵御市场波动，保护资产，实现长期稳健的财务目标。在投资的过程中，持续学习和不断优化投资策略是投资者实现理性投资的关键。

第二节 防范投资风险的产品

一、风险保障产品的选择

风险保障是个体财务规划中的重要组成部分，而选择适当的风险保障产品对于保障个体及其家庭的财务安全至关重要。风险保障产品主要包括保险类产品，如寿险、医疗险、意外险等。本书将探讨风险保障产品的选择，着重分析不同产品的特点、适用场景以及选择策略，旨在为个体提供更全面的理解和决策依据。

（一）常见风险保障产品概述

1. 寿险

寿险是一种主要用于提供被保险人身故时支付一定保额的保险产品。根据保障期限的不同，寿险可分为终身寿险和分红寿险等。寿险的主要功能是为被保险人的家庭提供财务保障，确保在其去世后，家庭仍能维持相对稳定的经济生活。

2. 医疗险

医疗险是用于支付被保险人因患病或受伤而产生的医疗费用的保险产品。医疗险可以覆盖住院医疗、手术费用、门诊费用等，提供经济支持，减轻因病导致的财务压力。

3. 意外险

意外险主要针对被保险人在合同期限内因意外事故导致身故、伤残的风险提供保障。这种保险通常包含身故保险金、意外伤害医疗费用补偿等保障内容，旨在提供全方位的风险保障。

4. 重疾险

重疾险是为了应对被保险人患上某些重大疾病（如癌症、心脏病等）而提供的一种风险保障产品。在确诊重大疾病时，重疾险通常会给予一次性的保险金支付，用于支付医疗费用、康复费用等。

（二）风险保障产品的选择要点

1. 家庭状况和需求

个体的家庭状况对于风险保障产品的选择至关重要。有家庭责任的个体通常更需要寿险，以确保家庭在主要经济支柱去世后有足够的经济支持。而有小孩的家庭可能需要考虑医疗险和教育金保险等产品，以更全面地覆盖风险。

2. 健康状况和年龄

个体的健康状况和年龄也是选择风险保障产品的重要因素。年轻人可能更注重医疗险和意外险，而中老年人可能更关注寿险和重疾险。健康状况良好的个体可以更容易购买到较低的保费，并享受更全面的保障。

3. 财务状况

个体的财务状况直接影响其选择风险保障产品的能力和需求。具备较高财务能力的个体可能更容易选择高保额的寿险和医疗险，以获得更全面的保障。而财务状况相对一般的个体可能更注重保费的经济性，选择适合自身经济能力的产品。

4. 保障期限和保费支付方式

不同的风险保障产品有不同的保障期限和保费支付方式。个体需要根据自身情况选择适合的产品期限，确保在关键时刻能够得到保险金的支付。同时，保费支付方式也是一个需要考虑的因素，如一次性支付、分期支付等，需要根据个体的财务规划来选择。

（三）风险保障产品的适用场景

1. 寿险

适用场景：适合有家庭责任、需要为家人提供财务保障的个体。尤其对于家庭中的主要经济支柱，寿险是一种重要的风险保障手段。

注意事项：需要仔细了解保险合同的条款，确保理解保额、保险期限、受益人等关键信息。选择合适的寿险种类，如终身寿险或分红寿险。

2. 医疗险

适用场景：适合所有人，尤其是有家庭成员需要长期医疗保障的个体。也适合高风险职业、容易受伤的个体。

注意事项：需要了解医疗险的保障范围，包括住院医疗、手术费用、门诊费用等。考虑到未来可能的医疗费用增加，可以选择具有灵活升级选项的产品，以适应不同生命周期的需求。

3. 意外险

适用场景：适合所有人，特别是在高风险职业或从事危险活动的个体。也适用于年轻人，因为他们更容易面临意外伤害。

注意事项：需要仔细了解意外险的保障内容，包括身故保险金、伤残保险金、医疗费用等。了解保险合同中的免赔额、保额调整等条款。

4. 重疾险

适用场景：适合所有人，尤其是中老年人，因为随着年龄的增长，患重大疾病的风险也增加。也适用于有家庭责任的个体，以提供额外的财务支持。

注意事项：需要了解重疾险的保障范围，以及触发保险金支付的具体疾病和条件。可以选择附加特定疾病的重疾险，以满足个体特定的健康需求。

（四）风险保障产品的选择策略

1. 综合考虑

在选择风险保障产品时，个体应该进行综合考虑，根据自身的家庭状况、健康状况、财务状况以及需求，选择不同类型的产品组合。综合考虑可以确保个体在各个方面都得到合适的风险保障，构建全面的财务安全网。

2. 定期复查

个体的家庭、健康、财务状况会随着时间的推移而发生变化。因此，定期复查已有的风险保障产品是否仍然符合个体的需求是十分重要的。需要根据生命周期的变化，调整保障计划，确保保障水平与实际需求相匹配。

3. 专业咨询

在选择风险保障产品时，个体可以寻求专业的保险咨询师或理财顾问的建议。专业咨询可以帮助个体更好地理解不同产品的特点、优劣势，提供个性化的保障方案，帮助个体做出更为明智的选择。

4. 注重保障内容

在选择风险保障产品时，个体不仅仅应该关注保费的大小，更需要关注保障内容的充实度和灵活性。确保所选的产品能够覆盖自身可能面临的多种风险，提供全面的保障。

风险保障产品的选择是财务规划中至关重要的一环。通过理性的选择，个体能够在面对生活中的各种风险时，获得及时、全面的保障，确保家庭经济的稳定和个体未来的财务安全。在选择风险保障产品时，个体应该根据自身情况，综合考虑不同产品的特点和适用场景，定期复查保障计划，寻求专业咨询，注重保障内容，构建一个符合实际需求的全面保障体系。

二、如何利用衍生品进行风险对冲

在金融市场中，投资者和企业面临各种风险，如市场波动、汇率波动、利率波动等。为了有效管理这些风险，市场上出现了各种衍生品工具，如期货、期权、互换等，这些工具可以用于风险对冲。风险对冲是一种通过采取相对相反的头寸或合约来抵消已有头寸的策略，以减轻潜在的损失。本书将探讨如何利用衍生品进行风险对冲，包括不同类型的衍生品及其应用。

（一）衍生品概述

1. 期货合约

期货合约是一种标准化的金融合同，约定在未来某个日期以预定的价格交割一定数量的标的资产。期货合约可用于对冲价格波动的风险，尤其是大宗商品和金融工具。

2. 期权合约

期权合约赋予持有人在未来某个日期或期间以特定价格购买或出售标的资产的权利，而不是义务。期权合约可用于对冲不确定性的价格波动，同时保留了灵活性，因为持有人可以选择是否行使权利。

3. 互换合约

互换合约是两个或多个交易方之间达成的一种金融交易，它们同意在未来的某个时间交换一系列现金流或其他资产。互换合约可用于对冲汇率风险、利率风险和信用风险。

（二）市场风险对冲策略

1. 期货合约的市场风险对冲

a. 商品期货

投资者或企业可以利用商品期货合约对冲与特定商品价格波动相关的风险。例如，一家石油公司可以通过购买原油期货合约，以对冲原油价格上涨的风险。

b. 股指期货

股指期货合约允许投资者对冲股票市场的波动。如果一个投资组合包含大量股票，投资者可以通过卖空股指期货合约来对冲市场下跌的风险。

2. 期权合约的市场风险对冲

a. 保护性认购期权

投资者可以购买保护性认购期权，以对冲其持有的股票或证券的下跌风险。当市场下跌时，认购期权的价值上涨，可以抵消证券价值的下降。

b. 覆盖性认沽期权

类似地，投资者可以购买覆盖性认沽期权，以对冲其股票投资的上涨风险。认沽期权在市场下跌时价值上涨，为投资组合提供了一定的保护。

3. 互换合约的市场风险对冲

a. 汇率互换

企业在跨国经营中可能会受到汇率波动的影响。通过与银行进行汇率互换，企业可以锁定未来的汇率，减轻汇率波动带来的财务风险。

b. 利率互换

利率互换允许企业或投资者在一定期限内以固定利率或浮动利率进行借贷或投资。这有助于对冲利率波动的风险，确保企业能够更好地规划未来的资金成本。

（三）交叉对冲策略

1. 股票—期权对冲

投资者可以通过构建股票—期权对冲策略，以对冲股票价格波动的风险。这种策略包括同时持有股票头寸和相应数量的期权头寸。在市场下跌时，期权头寸的价值上涨，可以抵消股票头寸的损失。

2. 商品—期货对冲

企业涉及特定商品的生产或销售可能会受到商品价格波动的影响。通过购买相关的商品期货合约，企业可以对冲与商品价格波动相关的风险，确保稳定的原材料成本。

3. 汇率—互换对冲

在国际贸易中，企业可能会受到汇率波动的风险。通过与银行进行汇率互换并同时进行外汇期权交易，企业可以灵活地对冲汇率波动，降低外汇波动带来的贸易风险。

（四）风险对冲的注意事项

1. 了解风险

在进行风险对冲时，投资者或企业首先需要充分了解他们面临的风险。不同的风险可能需要不同的对冲工具，因此明确风险类型是制定对冲策略的基础。

2. 选择适当的工具

根据所面临的具体风险，选择适当的衍生品工具是至关重要的。期货、期权和互换等工具各有优劣，其适用性取决于市场条件、成本、流动性以及对冲的目标。

3. 成本考虑

对冲并非是免费的，其本身可能会带来一些成本。投资者或企业需要考虑对冲工具的成本、交易费用、存储费用等，确保对冲成本不会超过所面临的潜在损失。

4. 时机把握

市场条件不断变化，时机把握对于风险对冲至关重要。在选择对冲时机时，需要考虑市场趋势、流动性、交易成本等因素，以获取最佳的对冲效果。

5. 定期评估与调整

市场环境和投资组合的情况都可能发生变化，因此需要定期评估对冲策略的有效性。如果市场条件或风险情况发生变化，可能需要调整对冲策略以确保其继续适应新的环境。

（五）风险对冲的实际应用

1. 公司财务管理

企业在日常经营中可能面临多种风险，包括原材料价格波动、外汇波动、利率波动等。通过使用期货合约、互换合约等衍生品工具，企业可以有效对冲这些风险，确保财务稳定。

2. 投资组合管理

投资者在管理复杂的投资组合时，需要考虑不同资产类别的风险。通过使用期权、期货等工具，投资者可以对冲特定资产或整个投资组合的市场风险，实现更好的风险管理。

3. 个体投资者

个体投资者也可以利用衍生品进行风险对冲。例如，个体投资者在股票市场中持有大量股票，可以购买认购期权来对冲市场下跌的风险。这种策略可以在市场下跌时提供一定的保护。

利用衍生品进行风险对冲是金融市场中常见的策略，可帮助投资者和企业管理各种潜在的市场、利率、汇率等风险。在选择和执行风险对冲策略时，深入理解不同的衍生品工具、了解风险类型、注意成本和时机把握都是至关重要的。定期评估和调整对冲策略，确保其与市场环境和投资组合的变化相适应，是实现有效风险管理的关键。

通过谨慎的风险对冲策略，投资者和企业可以更好地保护资产，降低潜在的损失，并在不确定的市场条件下更为从容地进行投资和经营。风险对冲不仅可以帮助规避潜在的不利影响，还有助于提高投资组合的整体效益和抗风险能力。

第三节　防范投资风险的组合与措施

一、投资组合的分散化原则

投资组合的分散化是投资管理中的一个关键原则，旨在通过将投资分散到不同的资产类别、地区、行业或证券，以降低整体投资组合的风险。分散化不仅有助于降低特定资产或行业的影响，还能提高整体组合的抗风险性，为投资者创造更稳健的投资环境。本书将深入探讨投资组合的分散化原则，包括分散化的定义、目的、方法以及实施策略。

（一）投资组合的分散化定义

投资组合的分散化是指将投资分布在不同的资产类别、地区、行业或证券上，以降低特定风险对整体投资组合的影响。分散化的核心思想是避免集中投资，将资金分散到多个不同的领域，以实现更为均衡的风险与回报关系。

分散化的原则建立在资产之间存在不同的风险因素、市场波动不一致以及投资标的的特定性质等基础上。通过在投资组合中引入多样性，投资者可以更好地应对市场波动，提高投资组合的整体稳健性。

（二）分散化的目的

1.降低特定风险

分散化的主要目的之一是降低特定资产或行业的风险。当投资者集中投资于某个特定领域时，一旦该领域受到不利因素的影响，整体投资组合可能会受到较大的损失。通过将投资分散到不同的领域，特定风险的冲击将被分摊，从而降低整体组合的波动性。

2.提高整体抗风险性

分散化有助于提高整体投资组合的抗风险性。当某一资产或行业受到不

193

利影响时，其他分散化投资可能表现出更好的业绩，从而缓解整体组合的下行压力。这种抗风险性的提高有助于投资者在市场波动时更为从容，减少冲动性的投资决策。

3. 创造更为均衡的回报

通过在投资组合中引入不同类型的资产，分散化可以创造更为均衡的回报。不同资产类别具有不同的风险收益特征，它们在不同市场环境下可能表现出不同的走势。通过将不同资产组合在一起，投资者可以实现更平稳、稳健的投资回报。

（三）分散化的方法

1. 资产类别分散化

资产类别分散化是将投资分布在不同的资产类别上，如股票、债券、房地产、大宗商品等。不同资产类别具有不同的市场特征，它们在不同的经济周期中可能表现出不同的收益和风险。通过组合不同资产类别，投资者可以实现对冲效果，减少特定资产类别带来的风险。

2. 行业分散化

行业分散化是将投资分散在不同的行业中，以降低某一行业特定风险的影响。不同行业受到宏观经济因素的影响程度不同，通过跨足多个行业，投资者可以在整体组合中实现更为平衡的风险分布。

3. 地区分散化

地区分散化是将投资分布在不同的地区或国家，以对冲特定地区经济或政治风险。不同地区的经济增长、政策变化、货币风险等因素都可能对投资产生影响。通过在不同地区分布投资，投资者可以降低整体组合受到地区特定风险的暴露。

4. 证券分散化

证券分散化是将投资分布在不同的个体证券上，以降低特定证券的价格波动对整体组合的冲击。不同个体证券可能受到公司治理、业绩表现、市场认可度等因素的影响。通过持有多个不同的证券，投资者可以减少对单一证券的依赖，提高整体组合的抗风险性。

5. 时间分散化

时间分散化是通过不同时间点进行投资，实现对冲效果。定期投资和定期调整投资组合是一种时间分散化的策略。通过定期定额投资，投资者可以在不同市场情况下以不同价格买入资产，从而平滑成本，并降低市场波动对投资决策的影响。

（四）分散化的实施策略

1. 定量分散化

定量分散化是一种基于数学和统计模型的方法，通过分析资产之间的相关性、协方差等指标，构建优化的投资组合。定量分散化依赖于先进的数学工具，能够在大量资产中找到最优的分散化组合，使投资组合达到在给定风险水平下获得最大收益的目标。

2. 主动管理

主动管理是指投资者通过深入研究市场、行业和公司，有针对性地选择特定的资产进行投资，以实现分散化的目的。主动管理需要投资者对市场有较深的理解和洞察，能够发现市场中的机会和风险，灵活调整投资组合。

3.passively managed

被动管理是指投资者通过购买指数基金或交易所交易基金（ETF）等跟踪市场指数的工具，实现对整个市场或特定行业的分散化投资。这种方法通常更注重市场整体趋势，减少主观判断的影响，以低成本实现分散化。

4. 均衡分配

均衡分配是指将投资均匀分配到不同的资产类别、行业或地区，以达到整体组合的均衡性。这种策略不依赖于市场定价的精准预测，而是通过将资金分配到不同领域来降低整体风险。

（五）分散化的优势与风险

1. 优势

降低特定风险：分散化可以降低特定资产或行业的风险，当某一部分投资受到影响时，其他分散化的投资可以缓解损失。

提高整体抗风险性：整体投资组合的抗风险性得到提高，投资者可以更为从容地应对市场波动，减轻投资决策的压力。

创造均衡回报：分散化有助于创造更为均衡的回报，通过将不同资产类别的收益和风险相互平衡，提高整体组合的平稳性。

2. 风险

可能限制最大回报：分散化可能限制了投资组合在某一特定市场条件下获得的最大回报。当某一类资产表现出较好时，分散化策略可能导致未能充分享受这一类资产的高回报。

成本问题：过度分散化可能导致投资组合的交易成本上升，尤其是在购买多个小额证券时。成本的增加可能抵消分散化带来的益处。

不同资产关联性风险：在市场动荡时，不同资产之间的关联性可能会增加，使得分散化策略的效果减弱。这种情况下，原本应该相对独立的资产可能同时下跌，降低分散化的效果。

投资组合的分散化原则是投资管理中的一项关键策略，旨在通过将投资分散到不同资产类别、行业、地区或证券，降低整体投资组合的风险。分散化的目的包括降低特定风险、提高整体抗风险性以及创造更为均衡的回报。

分散化可以通过资产类别、行业、地区、证券和时间等多种方法实施。投资者可以选择定量分散化、主动管理、被动管理或均衡分配等不同的实施策略。

尽管分散化可以带来多方面的好处，但也存在一些潜在的风险，包括可能限制最大回报、成本问题和不同资产关联性风险。投资者在实施分散化策略时需要权衡这些利弊，并根据自身风险承受能力、投资目标和市场状况做出合理的选择。通过合理的分散化，投资者可以更好地应对市场波动，提高投资组合的整体稳健性，实现长期的投资目标。

二、适应市场变化的及时调整策略

在不断变化的市场环境中，投资者需要具备适应性，及时调整投资策略以应对新的情况。市场变化可能受到经济因素、政治因素、技术创新等多方面的影响，因此及时调整策略是投资成功的关键之一。本书将深入探讨适应市场变化的及时调整策略，包括识别市场信号、灵活配置资产、利用技术分析等方面的方法。

（一）市场变化的原因

1.宏观经济因素

宏观经济因素包括通货膨胀率、利率水平、国内生产总值（GDP）增长率等。这些因素的变化可能影响整个市场的表现，导致不同资产类别的投资回报发生变化。

2.政治因素

政治因素涉及政策制定、国际关系、选举结果等。政治事件的发生可能引发市场波动，特定行业或资产的前景受到政治环境的直接影响。

3.技术创新

技术创新的快速发展可能改变产业结构，影响公司的盈利能力和市值。投资者需要密切关注科技发展趋势，及时调整投资组合以捕捉新的投资机会。

4.市场情绪和投资者行为

市场情绪和投资者行为对市场波动起到重要作用。投资者的情绪波动可能导致市场出现过度买入或过度卖出的情况，及时调整策略有助于避免被情绪驱使的投资决策。

（二）识别市场信号的重要性

1. 宏观经济指标

宏观经济指标是评估经济健康状况的关键工具。包括通货膨胀率、失业率、制造业产值等。投资者可以通过关注这些指标的变化，预测市场可能的走势，及时调整投资组合。

2. 政治事件和政策变化

政治事件和政策变化对市场的影响往往巨大。投资者需要及时了解政治事件的动向，预判可能的市场反应，做出相应调整。

3. 公司财报和业绩表现

公司财报和业绩表现是评估个体股票投资价值的关键因素。定期关注公司的财务状况和盈利能力，能够帮助投资者发现投资组合中潜在的风险和机会，及时调整仓位。

4. 技术指标和图表分析

技术指标和图表分析是量化市场走势的方法。通过关注价格图表、均线、相对强弱指标等技术指标，投资者可以更好地捕捉市场的短期变化，制定及时的交易策略。

（三）灵活配置资产的策略

1. 多元化投资

多元化投资是分散风险的有效手段。通过投资不同类型的资产，如股票、债券、房地产、大宗商品等，可以在不同市场条件下实现更为均衡的回报，降低整体投资组合的波动性。

2.动态资产配置

动态资产配置是根据市场状况及时调整不同资产类别的权重。例如，在宏观经济好转时增加股票仓位，而在经济衰退预期时增加债券仓位。这样的灵活性有助于捕捉市场的不同阶段。

3.利用衍生品工具

衍生品工具如期货合约、期权等可以用于对冲和调整投资组合。投资者可以利用期权进行保险性操作，或通过期货合约进行对冲，以降低整体投资组合的风险。

（四）利用技术分析的及时调整

1.趋势分析

趋势分析是技术分析的基本方法之一，通过观察市场的价格趋势来判断市场走势。及时识别并跟随趋势，可以帮助投资者在趋势的推动下获取更好的回报。

2.相对强弱分析

相对强弱分析比较不同资产或行业的表现，找出相对强势的投资标的。投资者可以调整投资组合，增加相对强势的资产，从而更好地把握市场机会。

3.交叉分析

交叉分析是观察不同市场变量之间的关系，以获取市场信号的方法。

4.短期和长期分析

投资者可以同时关注短期和长期的市场趋势。短期分析有助于捕捉短期的市场波动，而长期分析则更侧重于发现潜在的长期投资机会。通过综合考虑短期和长期趋势，投资者可以更全面地了解市场动向，制定更为全面的投资战略。

（五）制订应对不同市场情景的计划

1.情景分析和压力测试

在制定投资计划时，进行情景分析和压力测试是一种重要的方法。投资者可以考虑不同的市场情景，例如经济增长、通货膨胀上升、政治动荡等，通过模拟这些情景下投资组合的表现，制订相应的调整计划。

2.建立止损机制

设定明确的止损点是投资组合管理的一项基本原则。当市场发生逆转时，设定止损点可以帮助投资者控制损失，避免过度亏损。及时执行止损，有助于保护投资本金。

3.制订动态计划

投资计划不是一成不变的，需要随着市场变化而灵活调整。制订动态计划，设定具体的调整标准和执行步骤。例如，当某一资产类别的表现超过或低于预期时，制订相应的买入或卖出计划。

适应市场变化的及时调整策略是投资者在不断变化的环境中取得成功的关键。投资者需要时刻关注宏观经济、政治、技术等多方面的因素，识别市场信号，利用灵活的资产配置策略，充分利用技术分析工具，制订应对不同市场情景的计划。

多元化投资、动态资产配置、利用衍生品工具、建立止损机制等都是适应市场变化的有效手段。然而，适应市场变化并非易事，需要投资者具备深厚的市场理解、敏锐的洞察力以及果断的执行力。因此，投资者在制定及时调整策略时，应该不断学习、积累经验，保持冷静理性的投资心态，以更好地迎接市场的挑战，实现长期投资目标。在投资过程中，合理分散风险，善用各种工具和方法，将是投资者在市场波动中保持稳健的关键。

参考文献

[1] 王大友. 投资与理财 [M]. 长沙：湖南大学出版社, 2020.

[2] 袁雪平. 投资与理财 [M]. 北京：北京理工大学出版社, 2018.

[3] 张蕙兰，田艳霞. 投资与理财 [M]. 北京：北京理工大学出版社, 2017.

[4] 彭福军. 投资理财实战 [M]. 北京：中国铁道出版社, 2020.

[5] 王旭光. 稳扎稳打 个人投资理财策略 [M]. 北京：中国铁道出版社, 2023.

[6] 张有弛. 投资理财 从零开始学理财 [M]. 北京：中国铁道出版社, 2022.

[7] 邵明艳. 投资理财纠纷典型案例解析 [M]. 北京：中国法制出版社, 2021.

[8] 周文强. 重新定义投资理财 [M]. 北京：中国商业出版社, 2018.

[9] 张炳达，黄侃梅. 新编投资与理财 [M]. 上海：上海财经大学出版社, 2015.

[10] 刘文. 零基础投资理财课 [M]. 北京：中国商业出版社, 2018.

[11] 林晓军. 普通家庭投资理财组合 人人皆可财富自由 [M]. 北京：中国铁道出版社, 2021.

[12] 潘鸿生. 投资理财智慧书 [M]. 北京：北京工业大学出版社, 2017.